반짝반짝
우리 문화유산
그림책

일러두기

- 유물의 명칭은 국립중앙박물관의 표기를 우선으로 따랐습니다.
- 국립중앙박물관 웹 사이트(www.museum.go.kr) 또는 e뮤지엄(emuseum.go.kr)에 기재되어 있지 않은 것들은 문화재청 국가문화유산포털(heritage.go.kr) 또는 한국민족문화대백과사전(encykorea.aks.ac.kr)을 참고했습니다.
- 이 밖에 각 지방 국립박물관 웹 사이트, 디지털문화대전 등을 참고했습니다.
- 개인 소장 유품인 관계로 어떠한 포털에서도 검색되지 않는 경우는 부득이하게 개인 SNS 포스트를 참고하기도 했습니다.
- 국보·보물 여부는 모두 표기하지 않았습니다. 다만, 중요 문화유산은 해당 설명에 그 내용을 적었습니다.

반짝반짝
우리 문화유산
그림책

1판 1쇄 발행 2023년 11월 13일
1판 4쇄 발행 2025년 11월 21일

지은이 안승희 | 펴낸곳 한권의책 | 펴낸이 김남중
교정 교열 한지연 | 디자인 나비 | 자료 정리 신철민 | 제작 공간
주소 (우)03968 경기도 파주시 노을빛로 109-26(202호)
출판등록 제406-251002011000317호
전자우편 knamjung@hanmail.net
전화 031-945-0762 | 팩스 0303-3139-6129

안승희 ⓒ2023

ISBN 979-11-85237-60-2 77600

이 책의 글과 그림은 저작권법에 의하여 보호받는 저작물입니다.
잘못 만들어진 책은 구입하신 곳에서 바꾸어 드립니다.

| 제품명 도서 | 전화번호 031-945-0762 | 제조년월 2023년 11월 | 제조국명 대한민국 |
| 제조자명 한권의책 | 사용연령 9세 이상 | 주소 경기도 파주시 노을빛로 109-26 |
| 주의사항 책 모서리에 부딪히거나 종이에 베이지 않도록 주의해 주세요. |
| KC 마크는 이 제품이 공통안전기준에 적합하였음을 의미합니다. |

반짝반짝
우리 문화유산
그림책

신석기 시대 암각화부터 조선 후기 민화까지
462가지 유물을 그림으로 만나다

안승희 지음

한권의책

차례

작가의 말 5

청자 8
분청사기 12
백자 16
토기 20
연적 24
향로 28
벽화 34
초상화 38
그림 42
지도 46
문자 50
의궤 54
불상 60
반가사유상 64
탑 68
석등, 비석 72
종 76
사찰 80
검 86
금관 90
장신구 94
전돌, 기와 98
건축 102
천문 106

찾아보기 110

작가의 말

우리 문화재들은 독특하면서도 정말 아름답습니다. 처음엔 평범해 보이더라도 보면 볼수록 멋스러우며 알면 알수록 점점 더 매력에 빠져들게 됩니다.

문화유산을 가장 잘 느낄 수 있는 것은 직접 현장에 가서 보는 것입니다. 교과서나 책, 도록에 실린 이미지로 보는 문화재는 아무래도 무미건조하기 쉽습니다. 이렇듯 거리감 있고 딱딱하게 느껴지는 문화재의 영역을 따뜻하고 감성적인 시선으로 담아내고 싶었습니다. 그렇게 우리 문화재에 한 발짝 다가가고자 서술 형식이 아니라 화집 형식으로 작업을 시도했고, 하나의 주제를 펼쳐진 한 장의 공간 안에서 한눈에 들어오는 이미지들로 표현하고자 했습니다. 여럿이 같이 있을 때 저마다의 차이점과 특별함도 도드라지는 것 같습니다.

문화재의 아름다움에 집중할 수 있도록 설명은 최소한으로 줄이고 이미지를 주인공으로 구성했습니다. 또한 시대순으로 나열하기보다 내용별로 네 가지 영역으로 분류해 보았습니다. 첫 번째 편에서는 도자기로 대표되는 한국 고유의 미감과 정서를, 두 번째 편에서는 고대의 벽화부터 많은 화가의 그림과 매력적인 고지도, 그리고 독특한 의궤들을 다룹니다. 세 번째 편에서는 불상의 인상에 주목하고 절과 탑들의 군상에서 그 위용을 느끼고, 마지막 편에서는 군사와 과학에서부터 장식과 건축까지 남아 있는 유산들의 다양함을 찾아갑니다.

부족하지만 이 책이 우리의 아름다운 문화유산들을 좀 더 애정 어린 시선으로 바라보는 데 조금이나마 도움이 되면 좋겠습니다.

2023년 **안승희**

청자

분청사기

백자

토기

연적

향로

청자

청자 모란무늬 항아리

청자 상감모란국화무늬 참외모양 병

청자 양각죽절문 병

청자 상감용봉모란문 합 및 탁

청자 상감운학문 매병

청자 음각 '상약국'명 운룡문 합

청자 상감모란문 표주박모양 주전자

청자 상감연지원앙문 정병

청자 퇴화점문 나한좌상

청자 참외모양 병

청자 음각연화문 팔각장 병

청자 상감화조문 도판

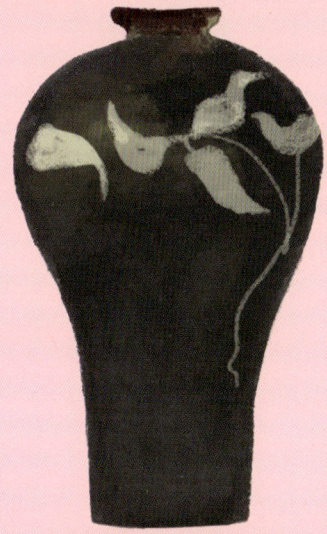
청자 철채퇴화삼엽문 매병

청자 상감오리모양 주전자

청자 어룡모양 주전자

청자 동화연화문 표주박모양 주전자

청자 죽순모양 주전자

청자 철화양류문 통형 병

청자 인물형 주전자

청자 철화초충조문 매병

청자 조각 구룡무늬 정병

청자 青磁

청자는 유약을 발라 비취색을 띠는 자기를 말합니다. 중국에서 먼저 유행했으나, 고려 시대에 우리나라에 전해져 꽃을 피웠습니다. 철분이 조금 섞인 백토로 모양을 만들고 그 표면에 무늬를 새긴 뒤 유약을 발라 섭씨 1250~1300도에서 구워 냅니다. 청자는 주로 물, 술 등을 담는 병으로 활용되었습니다.

청자 양각죽절문 병

청자 상감용봉모란문 합 및 탁

청자 음각 '상약국'명 운룡문 합

우리가 알고 있는 고려청자 가운데 가장 유명한 작품 중 하나일 거예요. 그만큼 우수한 기술과 세련된 작업을 통해 만들어졌어요. 운학문이란 학과 구름무늬를 새겨 놓았다는 것이고 매병은 도자기의 입구가 좁고 어깨는 넓으며 밑이 홀쭉하게 생긴 병을 말해요.

청자 상감운학문 매병

청자 상감연지원앙문 정병

이름을 풀이하자면, 원앙이 있는 연못 문양을 상감 기법으로 새겨 넣은 청자라는 뜻이에요. 상감 기법이란 흙으로 도자기를 빚어낸 다음 칼로 흙 표면에 문양을 새기고 그 홈을 하얀 흙으로 채운 뒤 유약을 발라 도자기를 구워서 완성하는 방식이에요. 구워 내는 온도가 1200도가 넘어야 하기 때문에 흙의 재질도 중요하고 또한 깨지기 쉬워서 아주 수준 높은 기술이 필요합니다. 도자기를 자세히 보면 버드나무, 갈대, 연꽃, 모란꽃, 그리고 원앙새가 새겨져 있어요.

청자 상감모란문 표주박모양 주전자

팔짱을 낀 채 눈은 반쯤 감고, 작은 책상에 기대어 사색하듯 아래를 내려다보고 있어요.

청자 퇴화점문 나한좌상

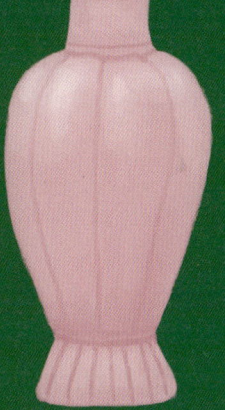
청자 참외모양 병

청자 음각연화문 팔각장 병

청자 상감화조문 도판

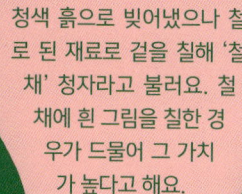
청색 흙으로 빚어냈으나 철로 된 재료로 겉을 칠해 '철채' 청자라고 불러요. 철채에 흰 그림을 칠한 경우가 드물어 그 가치가 높다고 해요.

청자 철채퇴화삼엽문 매병

청자 상감오리모양 주전자

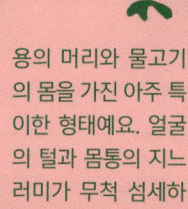
용의 머리와 물고기의 몸을 가진 아주 특이한 형태예요. 얼굴의 털과 몸통의 지느러미가 무척 섬세하게 표현되어 있어요.

청자 어룡모양 주전자

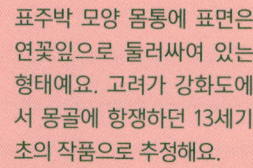
표주박 모양 몸통에 표면은 연꽃잎으로 둘러싸여 있는 형태예요. 고려가 강화도에서 몽골에 항쟁하던 13세기 초의 작품으로 추정해요.

청자 동화연화문 표주박모양 주전자

청자 죽순모양 주전자

청자 철화양류문 통형 병

머리에 관을 쓰고 있는 사람이 복숭아를 얹은 그릇을 들고 있는 모양이에요. 대구의 한 과수원에서 발견되었어요.

청자 인물형 주전자

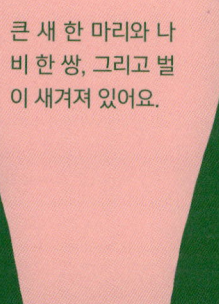
큰 새 한 마리와 나비 한 쌍, 그리고 벌이 새겨져 있어요.

청자 철화초충조문 매병

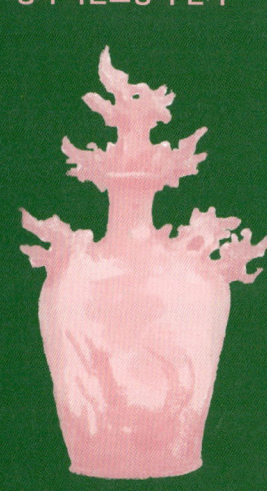
청자 조각 구룡무늬 정병

분청사기

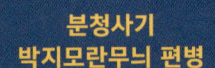
분청사기 상감물고기무늬 매병

분청사기 박지모란무늬 자라병

분청사기 박지모란무늬 편병

분청사기 박지태극문 편병

분청사기 철화넝쿨무늬 항아리

분청사기 박지철채화문 병

분청사기 박지연화어문 편병

분청사기 상감연화당초문 병

분청사기 철화모란무늬 장군

분청사기 철화넝쿨무늬 사발

분청사기 인화무늬 연적

분청사기 상감연꽃버드나무 물고기무늬 매병

분청사기 음각어문 편병

분청사기 철화어문 항아리

분청사기 박지연꽃 물고기무늬 병

분청사기 구름용무늬 항아리

분청사기 인화점문 장군

분청사기 상감모란문 반합

분청사기 상감 '정통5년'명 어문 반형 묘지

분청 상감초화무늬 네귀항아리

분청사기 철화여의두무늬 병

분청사기 인화국화문 태항아리

분청사기 상감파도어문 병

분청사기 상감연꽃물새무늬 납작병

분청사기 粉靑沙器

분청사기 박지모란무늬 자라병

분청사기 박지모란무늬 편병

분청사기 박지태극문 편병

분청사기 상감물고기무늬 매병
조선 전기에 제작된 청자 매병입니다. 고려 때 유행하던 매병은 조선 시대 백자에서는 전혀 찾아볼 수 없고 분청사기로 그 맥이 이어지는데, 이 도자기도 분청사기로 옮겨 가는 과도기적 모습을 보여 주고 있어요. 아가리가 도톰해 청자 전성기 때 모습을 하고 있으나, 문양이 복잡하고 구슬 무늬와 변형된 구름무늬, 연꽃무늬 등은 분청사기에서 볼 수 있는 특징입니다.
몸통에는 구슬 무늬와 동심원을 2겹으로 그렸고, 그 안에 물고기 두 마리를 각각 흑백 상감하고 물결을 흑상감으로 처리했어요. 그리고 동심원 밖으로는 점을 가득 찍어 채웠어요. 그 밖에 학과 꽃, 풀을 그리고 연꽃과 덩굴을 새겨 넣었어요. 물고기는 알을 많이 낳는다 하여 다산과 풍요, 부부의 금실을 상징합니다.

분청사기 철화넝쿨무늬 항아리

분청사기 박지철채화문 병

입구는 작고, 몸통은 좌우가 넓은 타원 형태예요. 회갈색의 흙 위에 투명한 유약을 칠해 표면이 빛나요.

분청사기 박지연화어문 편병

목 부분이 좁고, 몸통이 풍만해졌다가 아래 굽 부분이 다시 좁아져요.

분청사기 상감연화당초문 병

'장본'이라고도 불리는 장군은 술병으로 쓰였을 것으로 생각돼요.

분청사기 철화모란무늬 장군

분청사기 철화넝쿨무늬 사발

분청사기 인화무늬 연적

바닥에는 연잎이, 몸통에는 길게 늘어진 버드나무가 흑백 상감 기법으로 새겨져 있어요.
분청사기 상감연꽃버드나무물고기무늬 매병

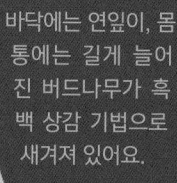
분청사기 음각어문 편병

물고기 두 마리와 연꽃을 인화, 상감, 철화의 수법으로 표현했어요. 분청사기 가운데 가장 다양한 장식 수법을 보여 줍니다.
분청사기 철화어문 항아리

분청사기 박지연꽃물고기무늬 병

분청사기 구름용무늬 항아리
도장을 찍듯 반복해서 무늬를 새긴 인화 기법과 상감 기법을 이용해서 목의 둘레를 국화 무늬로 새겼으며, 몸통에는 세 군데에 넝쿨무늬 띠를 둘러 크게 세 부분으로 나누고 있어요.

술과 같은 액체를 담는 데 사용한 항아리로, 점무늬가 가득 새겨져 있어요.
분청사기 인화점문 장군

분청 상감초화무늬 네귀항아리
세종 대왕의 첫째 딸 정소 공주의 무덤에서 출토된 항아리입니다. 끈으로 묶을 수 있는 귀가 네 개 달려 있습니다.

분청사기 상감모란문 반합

분청사기 상감 '정통5년'명 어문 반형 묘지

분장회청사기(粉粧灰靑沙器)의 준말로, 회색이나 회흑색의 태토 위에 백토로 표면을 마무리한 도자기입니다. 고려청자와 조선백자 사이에 존재했어요. 청자와 백자에서 느껴지는 간결함, 우아함과는 다른, 다양한 질감의 친숙함이 돋보인다는 특징이 있습니다. 13세기경 청자에서 변모, 발전한 자기로, 조선 태종 때부터 200여 년간 유행했습니다. 세종~세조 시기에 전성기를 맞았으나 16세기 전반부터 점차 쇠퇴했어요.

병의 형태는 고려의 청자이나, 문양의 구성은 조선 전기 분청사기의 양식을 따르고 있어요. 연꽃, 학과 물고기가 큼직하게 상감되어 있어요.
분청사기 상감연꽃물새무늬 납작병

백자

백자 청화구름용무늬 항아리

백자 청화매화대나무새무늬 항아리

백자 달항아리

진양군 영인정씨묘 출토 유물

백자 철화포도원숭이무늬 항아리

백자 발

백자 청화철채동채 풀벌레무늬 병

백자 청화괴수무늬 꽃모양 접시

'제' 자가 쓰인 백자 청화 제기 접시

백자 청화대나무무늬 각병

백자 청화풀꽃무늬 조롱박모양 병

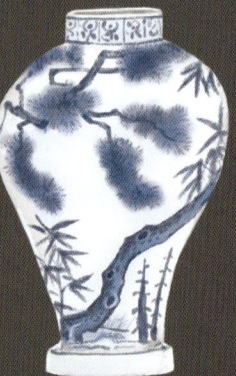
백자 청화소나무대나무 인물무늬 항아리

백자 태항아리

백자 청화매화대나무무늬 유개 항아리

백자 병

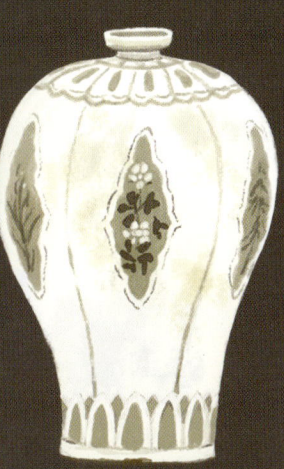
백자 상감모란 버드나무무늬 매병

백자 이성계 발원 사리기

백자 주전자

백자 상감초화문 편병

백자 끈무늬 병

백자 철화포도무늬 항아리

백자 도마뱀모양 접시

백자 청화봉황무늬 항아리

백자 주전자

'태일전'이 새겨진 백자 상감 풀꽃무늬 잔과 잔받침

백자 향로

백자 양각대나무 모양 병

백자 난초무늬 항아리

백자 유리홍매화국화무늬 병

백자 철화매화대나무무늬 항아리

백자 청화동화창성무늬 병

백자 상감연꽃넝쿨무늬 대접

백자 白磁

백자 청화구름용무늬 항아리
몸통 중앙에는 여의주를 물고 있는 용을, 그 위와 아래에는 구름을 그렸어요. 용의 비늘, 수염과 지느러미가 생동감 있게 표현되어 있습니다.

백자 청화매화대나무새무늬 항아리

백자 달항아리
생긴 모양이 달덩이처럼 둥그렇고 하얀 모습이어서 달 항아리라고 부릅니다. 달 항아리처럼 큰 항아리는 대부분 위와 아래를 따로 만들어서 서로 이어 붙입니다. 아무런 무늬나 그림이 없어도 시원하고 당당한 풍채를 자랑합니다.

진양군 영인정씨묘 출토 유물

백자 철화포도원숭이무늬 항아리
조선 후기의 백자로, 커다란 몸통에는 흰색 배경에 검은색 안료로 포도 덩굴의 잎과 줄기를 생생하게 표현했습니다. 몸통 전면에 백색과 청색이 혼합되어 은은한 빛을 뽐내지요.

백자는 화려하고 사치스러운 무늬보다는, 깔끔한 질감과 소박한 무늬 장식이 특징인 조선 시대의 항아리 양식입니다. 사치를 경계하는 유교 문화와 관련이 있지요. 질 좋은 안료를 사용해 흰색에 독특한 빛깔이 함께 관찰됩니다. 특히 임진왜란 때 수많은 조선의 도공들이 일본으로 끌려갔는데, 그것이 일본의 도자기 기술이 발전할 수 있었던 계기가 되었습니다.

백자 청화대나무무늬 각병
백자를 빚어낸 뒤, 몸통을 8각으로 깎은 병입니다. 대나무 여러 그루를 간결한 붓질로 묘사했어요. 조선 중기 이후 백자의 특징이 잘 드러납니다.

백자 청화철채동채 풀벌레무늬 병

백자 청화풀꽃무늬 조롱박모양 병

백자 청화소나무대나무 인물무늬 항아리

백자 태항아리

백자 청화매화 대나무무늬 유개 항아리
뚜껑에는 연꽃 봉오리가, 항아리의 어깨와 몸통 아래에는 연꽃무늬 띠가 둘러져 있습니다.

백자 병

고려 시대 백자예요. 고려는 청자의 나라였기에 남아 있는 고려 백자로서 매우 드문 예입니다.

백자 상감모란 버드나무무늬 매병

백자 이성계 발원 사리기

백자 주전자

백자 상감초화문 편병
흑색 상감으로 풀과 꽃무늬를 새겼어요. 고려 청자와는 달리, 청색 흙을 사용하지 않고 백토 위에 흑색 상감만을 입혔습니다. 대담하고 투박한 무늬가 드러나는 조선 전기의 전형적인 백자입니다.

백자 주전자
부리 부분에 줄을 묶어 놓은 무늬를 꽃과 겹쳐 표현했어요. 몸통은 오이 형태이며, 회백색입니다.

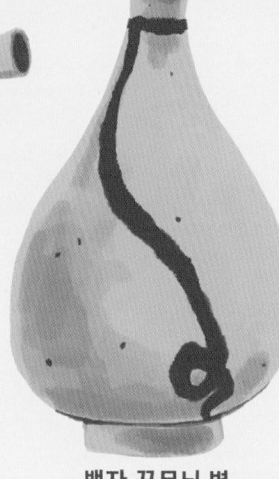
백자 끈무늬 병

주로 청색 안료로 그림을 그린 조선 시대 백자와 달리, 흑색 철화 안료를 사용해 포도 덩굴을 그려 냈습니다.

백자 철화포도무늬 항아리

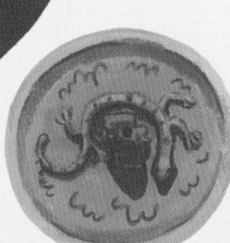
백자 도마뱀모양 접시

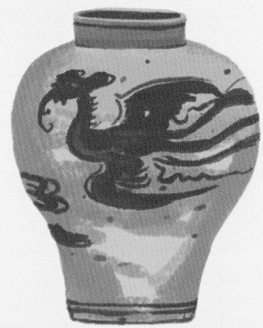
백자 청화봉황무늬 항아리

'태일전'이 새겨진 백자 상감 풀꽃무늬 잔과 잔받침

백자 향로

백자 난초무늬 항아리

백자 양각대나무 모양 병

백자 상감연꽃넝쿨무늬 대접

백자 유리홍매국화무늬 병

백자 철화매화대나무 무늬 항아리
가늘고 곧게 뻗어 있는 대나무 잎은 선비의 강한 절개와 기운을, 세련되고 우아하게 휘어 있는 매화는 반대로 서정적인 분위기를 연출하고 있습니다.

백자 청화동화장생무늬 병

토기

도기 기마인물형 뿔잔

신발모양 토기

도기 배모양 명기

거북장식 원통형 그릇받침 및 목짧은 항아리

사슴뿔모양 잔

소 장식 뿔잔

사슴모양 뿔잔

화로모양 토기

도기 바퀴장식 뿔잔

함안 말이산 굽다리등잔

함안 말이산 등잔모양 토기

토우장식 장경호

호자

얼굴모양 토기

원통형 그릇받침

도기 서수형 명기

도기 기마인물형 명기

집모양 토기

집모양 토기

빗살무늬 토기

짧은목 항아리

굽다리 뿔손잡이 항아리

여인 토용

문관 토용

토제 방울

녹유 토기

주전자모양 토기

오리모양 토기

오리모양 토기

토기 土器

선사 시대부터 인간은 수확한 곡식, 채집한 과일 등을 저장하고자 흙으로 빚어 불에 구운 토기를 사용하기 시작했습니다. 초기 토기의 모양은 매우 단순한 형태였으나, 시대를 거듭할수록 점차 동물, 인간, 다양한 도구의 모양을 본뜨는 등 정교함과 예술성이 담긴 문화로 변했습니다.

거북장식 원통형 그릇받침 및 목짧은 항아리

삼국 시대 토우 중 거북 장식이 달린 유일한 사례입니다.

말을 타고 있는 사람의 모습이에요. 받침이 가야의 접시와 동일한 양식이기에 가야의 뿔잔으로 추정합니다.

도기 기마인물형 뿔잔

사슴뿔모양 잔

소 장식 뿔잔

사슴모양 뿔잔

금관가야의 무덤으로 알려진 김해 대성동 고분군에서 출토되었어요.

화로모양 토기

도기 바퀴장식 뿔잔

함안 말이산 굽다리등잔

함안 말이산 등잔모양 토기

토우장식 장경호

토우(土偶)란 흙으로 만든 인형을 뜻하며, 흔히 동물의 형태를 보고 만든 토기를 말해요. 장경호란 목이 긴 항아리란 뜻이에요. 장난감이나 애완용으로 주로 만들었지만, 죽은 사람의 무덤에 함께 묻는 주술적 의미도 있었습니다. 높이 34cm의 토우장식 장경호는 경주 계림로 30호

얼굴모양 토기

6세기 이후 백제의 토기로, 호랑이를 닮아서 호자라는 이름이 붙었어요.

호자

원통형 그릇받침

도기 서수형 명기

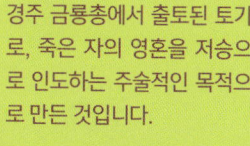
경주 금령총에서 출토된 토기로, 죽은 자의 영혼을 저승으로 인도하는 주술적인 목적으로 만든 것입니다.

도기 기마인물형 명기

집모양 토기

집모양 토기

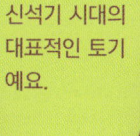
신석기 시대의 대표적인 토기예요.

빗살무늬 토기

짧은목 항아리

대가야의 토기예요.

굽다리 뿔손잡이 항아리

여인 토용

문관 토용

무덤에서 출토되었습니다. 개구리, 새, 거북, 사람, 토끼, 뱀 등이 옆면에 장식되어 있으며, 마지막으로 배가 많이 부른 임신부가 가야금을 연주하는 형태로 완성되었습니다. 이는 풍요로운 농사와 다산을 기원하는 선사 시대의 주술적 의미로 해석할 수 있어요.

토제 방울

녹유 토기

주전자모양 토기

오리모양 토기

오리모양 토기

연적

참외모양 연적

청자 기린모양 연적

백자 청화집모양 연적

청자 연꽃모양 연적

청자 석류모양 연적

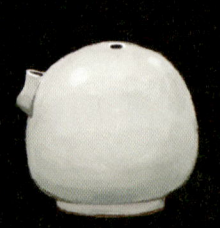
백자 무릎모양 연적

백자 동화대나무모양 연적

청자 모자원숭이모양 연적

백자 청채해태모양 연적

백자 청화복숭아모양 연적

백자 청화철화'시'명 나비무늬 팔각연적

백자 양각동채쌍학무늬 연적

청화 백자 물고기모양 연적

백자 청화파초무늬부채모양 연적

청자 조각동녀형 연적

백자 청화수탉모양 연적

동물모양 연적

백자 동화개구리모양 연적

백자 연적

백자 청화동채두꺼비모양 연적

청자 오리모양 연적

백자 청화태극별자리무늬무릎모양 연적

백자 청화산수무늬 연적

백자 청화산모양 연적

백자 고리모양 연적

청자 표주박모양 주전자

백자 청화격자무늬 연적

연적 硯滴

서예에서 쓰이는 도구 중 하나로, 벼루에 먹을 갈 때 물을 담아 두는 그릇을 말합니다. 원숭이, 두꺼비 등 다양한 동물의 모양을 본떠 만들었어요. 고려 시대에는 연적을 대부분 청자로, 조선 시대에는 대부분 백자로 제작했습니다. 연적은 물을 담아 두는 용도뿐 아니라 모양과 새겨진 그림에 따라 예술적 가치까지 지니고 있습니다.

참외모양 연적
높이 6.5cm, 바닥 지름 4.9cm의 흙으로 만든 연적입니다.

청자 기린모양 연적
우리 조상들의 상상 속 동물이자 용을 닮은 기린의 형상을 한 연적입니다.

백자 청화집모양 연적

청자 연꽃모양 연적
가느다란 선으로 몸통 부분에 연꽃무늬를 가득 장식했습니다.

백자 동화대나무모양 연적
우리나라 전통 악기인 생황을 본떠 만든 연적입니다. 생황은 삼국 시대에 중국에서 전해진 이후 우리 것으로 다시 만들어져서 조선 시대까지 사용된 궁중 악기입니다.

청자 모자원숭이모양 연적
어미 원숭이 머리에는 물을 넣는 1cm 크기의 구멍이, 새끼 원숭이 머리에는 0.3cm 크기의 물을 따라 내는 구멍이 있어요. 발가락 사이사이를 깊이 파서 조각했고, 눈과 코 등을 검은색 안료로 세심하게 표현했습니다. 동물의 모자(母子)를 함께 조각한 연적은 매우 드물답니다.

백자 청채해태모양 연적

백자 청화복숭아모양 연적

백자 양각동채쌍학무늬 연적

백자 청화철화'시'명 나비무늬 팔각연적

백자 청화수탉모양 연적

청화 백자 물고기모양 연적

잉어들이 센 물결을 거슬러 올라가는 데 성공하면 용이 된다는 설화에 기반해 만든 것이라고 해요.

백자 청화파초무늬부채모양 연적

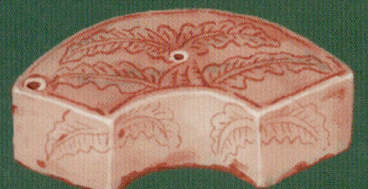

청자 조각동녀형 연적

청자로 만들어진 연적으로, 여자아이가 물병을 안고 있는 모습입니다. 이처럼 사람이나 동물, 과일 등을 표현한 연적이 많습니다.

동물모양 연적

백자 동화개구리모양 연적

백자 연적

백자 청화동채두꺼비모양 연적

청자 오리모양 연적

오리 모양이고, 등 부분에 연꽃과 연꽃 봉오리가 있습니다.

백자 청화태극별자리무늬무릎모양 연적

백자 청화산수무늬 연적

중국의 아름다운 경치를 말하는 소상팔경을 8개의 각 면에 세심하게 조각한 조선 시대의 연적입니다.

백자 고리모양 연적

청자 표주박모양 주전자

백자 청화격자무늬 연적

백자 청화산모양 연적

산봉우리가 겹치며 계곡을 이루고, 그 사이사이 절과 탑 등이 있습니다. 조선 후기 유행하던 산 모양 연적 중 하나입니다.

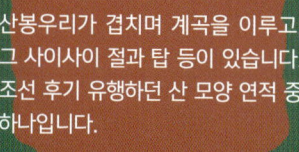

향로

직지사 철제 은입사 향로

동제 향로

청동 은입인동문 향로

함양 하륜부조묘 소장 향로

용주사 청동향로

봉업사명 청동향로

청자 양각도철문 방형 향로

백자 청화음각꽃무늬 육각화로

청자 사자모양 뚜껑 향로

청자 박산모양 뚜껑 향로

표충사 청동 은입사 향완

청주 사뇌사지 동제현로

청동 은입사 포류수금문 향완

'대강삼년'이 새겨진 연꽃모양 청동향로

향로 香爐

불교 행사에서 향(香)을 사르는 그릇을 말합니다. 삼국 시대에는 주로 금속을 세공한 형태의 향로가 일반적이었으나, 고려 시대와 조선 시대에는 각각 청자와 백자로 만든 향로가 사용되기 시작했습니다.

직지사 철제 은입사 향로

동제 향로

정조가 아버지 사도세자의 명복을 빌기 위해 하사한 청동 향로입니다.

용주사 청동향로

고려 시대 절터인 봉업사지에서 출토되었어요.

봉업사명 청동향로

청자 사자모양 뚜껑 향로
고려청자의 전성기인 12세기에 만들어진 청자 향로입니다. 향을 피우는 몸체와 사자 모양의 뚜껑으로 구성되어 있어요.

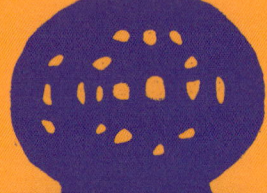

청자 투각칠보무늬 향로
몸통의 윗부분은 둥근 화로 형태로 국화 잎에 싸여 있고 아랫부분은 토끼 세 마리가 등에 업고 있는 모습입니다.

백자 청화음각꽃무늬 육각화로

청자 박산모양 뚜껑 향로

매우 세심한 은입사 기술이 두드러지는 작품입니다.

표충사 청동 은입사 향완

청주 사뇌사지 동제현로

청동 은입사 포류수금문 향완

'대강삼년'이 새겨진 **연꽃모양 청동향로**

몸체에 도깨비 얼굴이 형상화 되어 있어요. 양 측면에는 고리가 하나씩 달려 있는데, 고리에 손잡이가 있었던 것으로 보이나 지금은 남아 있지 않아요. 받침 밑에는 괴수의 얼굴이 조각되어 있습니다.

짐승얼굴무늬 청동 화로

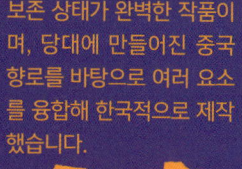

보존 상태가 완벽한 작품이며, 당대에 만들어진 중국 향로를 바탕으로 여러 요소를 융합해 한국적으로 제작했습니다.

익산 미륵사지 금동향로

청자 사자장식 뚜껑 향로

백제금동대향로

부여 능산리 고분군 절터에서 출토된 백제의 향로입니다. 높이 61.8cm, 무게가 11.8kg로, 커다란 규모를 자랑해요. 23개의 산들이 여러 겹으로 뒤덮여 있어 하나의 연꽃을 연상시키며, 산과 산 사이에는 여러 악기를 연주하는 악공들과 용, 봉황, 호랑이 등 다양한 동물들이 섬세하고 사실적으로 조각되어 있습니다. 백제의 뛰어난 금속 세공 기술과 백제인들의 풍부한 상상력이 결합된 최고의 걸작이에요. 현재 국립부여박물관에 소장 중이며, 백제 시대를 대표하는 유물로 손색이 없습니다.

청자 기린모양 뚜껑 향로

청자 오리모양 뚜껑 향로

청자 구룡모양 뚜껑 향로

비취색과 녹색이 어우러진 섬세한 향로예요.

청자 양각도철무늬 우물모양 향로

덕수궁 중화전 청동향로
덕수궁 중화전에서 발견된 향로로, 몸통 아랫부분에 물결과 파도 무늬가 새겨져 있습니다.

벽화

초상화

그림

지도

문자

의궤

벽화

쌍영총 삼족오도

강서대묘 청룡도

무위사 극락전 백의관음도

진파리 1호분 벽화

덕흥리 고분 수레도

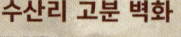
수산리 고분 벽화

각저총 씨름도

약수리 고분 수렵도

강서대묘 현무도

울주 대곡리 반구대 암각화

벽화 壁畵

쌍영총 삼족오도
전설 속의 동물로, 발이 세 개 달린 까마귀입니다. 고구려 벽화에 자주 등장하는데, 태양 숭배 사상과 새에 관한 토템이 영향을 주었습니다.

강서대묘 청룡도
도교의 사방신(四方神) 중 동쪽을 수호하는 푸른 용을 그린 벽화로, 고구려 무덤인 강서대묘의 동쪽 벽에 그려져 있어요.

무위사 극락전 백의관음도
전라남도 강진에 있는 무위사 극락보전의 후불벽 뒷면에 그려진 조선 전기의 관음보살도 벽화입니다. 조선 초기 불교 연구에 중요한 자료로 쓰이고 있습니다.

진파리 1호분 벽화

덕흥리 고분 수레도

각저총 씨름도
'각저'란 씨름을 뜻하는 말로, 고구려의 귀족들이 즐겨 했던 취미랍니다.

수산리 고분 벽화

무덤이나 절의 벽면에 그려진 그림으로, 과거의 행사와 생활 양식을 직접 표현해 역사 연구 자료로서 가치가 매우 높습니다. 우리나라의 벽화는 고구려의 고분 벽화가 대표적입니다.

강서대묘 현무도
도교의 사방신 중 북쪽을 수호하는 현무(玄武)를 그린 그림이에요. 현무는 거북과 뱀을 합친 상상 속의 동물입니다.

강서 약수리 고분 벽화
북한 남포에 있는 고구려 벽화예요. 도교 신앙의 사신도와 더불어 해, 달, 별, 구름 등이 그려져 있어요.

백호도
도교의 사방신 중 서쪽을 수호하는 백호, 즉 흰 호랑이를 그린 벽화입니다.

칠장사 오불회 괘불탱
괘불(掛佛)이란 절에서 큰 행사를 치를 때에 걸어 놓고 예배를 드리는 그림입니다.

경주 천마총 장니천마도
경주 천마총에서 발견되었어요. 천마는 이승과 저승을 오가는 역할로, 신라의 전설적인 동물입니다.

영주 부석사 조사당 벽화
우리나라에 화엄종을 창건한 승려 의상을 모시는 부석사 조사당 안쪽 벽면의 그림이에요. 사천왕과 제석천, 범천 등 불교의 수호신을 6폭에 나누어 그렸어요. 각각의 크기는 길이 205cm, 너비 75cm 정도예요. 일제 강점기에 해체되어 벽화는 별도로 보관 중입니다. 훼손된 부분이 많고 여러 번 덧칠한 흔적이 있지만 고려 시대 벽화로서 그 가치가 매우 높아요.

무용총 가무배송도
고구려 무용총에 있는 벽화로, 14명의 남녀가 노래에 맞춰 춤을 추고 있는 모습 중 일부입니다.

덕흥리 고분 견우직녀도

무용총 수렵도
중국 길림성 집안시에서 발견된 고구려 고분 무용총의 서쪽 벽에 그려진 벽화입니다.

울주 대곡리 반구대 암각화
가로 10m, 세로 4m 크기의 암벽에 여러 동물과 물고기 등을 새긴 바위그림입니다. 신석기 시대의 그림으로 추정되며 사냥이 탈 없이 이뤄지고 나아가 사냥감이 많이 잡히길 기원하는 의미가 담겨 있습니다.

강서중묘 주작도
도교의 사방신 중 남쪽을 수호하는 주작(朱雀)을 그린 그림입니다. 주작은 상상의 동물로, 봉황과 닮았지요.

황현 초상
윤급 초상 
김시습 초상 

초상화

흥선대원군 이하응 초상

이제현 초상

윤두서 자화상

소운 초상

염제신 초상

송시열 초상

윤증 초상

강민첨 초상

조선 태조 어진

강현 초상

안향 초상

최익현 초상

신윤복 필 미인도

초상화 肖像畫

황현 초상

윤급 초상
조선 후기의 문인인 윤급의 초상화는 당대 최고의 화가였던 변상벽이 그렸습니다.

김시습 초상
15세기 중후반 조선의 문신 김시습의 초상화예요. 일상복 차림의 야복 초상화(野服肖像畫)로, 역사적·예술적 가치가 매우 높습니다.

흥선대원군 이하응 초상

초상화란 그림 중에서도 특정한 사람의 모습을 그리는 그림을 말합니다. "털끝 하나라도 다르면 그 사람이 아니다."라는 정신을 바탕으로 우리나라의 화가들은 여러 시대에 걸쳐 초상화를 그려 왔습니다.

이제현 초상
중국 원나라의 학자들과 활발히 교류한 고려 이제현의 초상으로, 그림 역시 원나라 최고의 화가 진감여(陳鑑如)가 작업한 것으로 알려져 있습니다.

윤두서 자화상
조선 후기 윤두서가 직접 그린 자화상입니다. 이 그림은 인물 전체 또는 상반신까지 그린 다른 초상화들과 달리 얼굴을 부각한 것이 특징입니다. 특히 무언가를 뚫어져라 바라보는 눈과 수염의 세밀한 묘사를 보면, 자화상에 자신의 내면을 그려 내려고 한 것으로 보입니다.

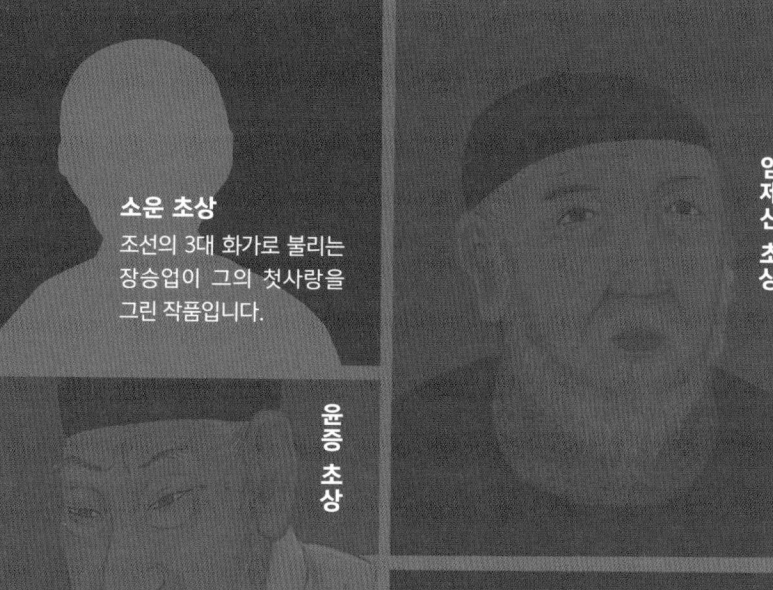

소운 초상
조선의 3대 화가로 불리는 장승업이 그의 첫사랑을 그린 작품입니다.

염제신 초상

송시열 초상

윤증 초상

강민첨 초상

강현 초상

조선 태조 어진
조선을 건국한 태조 이성계의 초상화로, 왕의 초상화를 어진 또는 어진화라고 부릅니다. 푸른 곤룡포와 화려한 용무늬 의자 등 조선 초 어진에서 나타나는 특징들이 보입니다.

안향 초상
고려 중기의 문신 안향의 초상이에요. 가로 29cm, 세로 37cm 크기의 반신상(半身像)입니다. 안향은 원나라와 활발히 교류하며 성리학을 고려에 보급한 것으로 알려져 있어요.

최익현 초상
19세기 말~20세기 초 대표적인 구국 운동가인 최익현의 초상입니다.

신윤복 필 미인도
조선 후기 대표적인 풍속화 화가 신윤복의 작품이에요. 아름다운 여인을 섬세하고 유려한 기법을 통해 색감 있게 묘사했습니다.

그림

우리 조상들은 자연환경, 빼어난 경치는 물론 사람들의 소소한 일상과 주변의 동물들을 그림으로 그려 냈습니다. 시대에 따라서 그림의 주제와 대상, 때로는 표현 방식이 조금씩 달라지기도 했습니다.

정선 필 인왕제색도
화가 정선이 서울 인왕산의 풍경을 그린 것이에요. 조선 후기의 대표적인 진경 산수화입니다. 진경 산수화란 중국의 화풍을 따라 그리던 것에서 벗어나 우리 고유의 화풍으로 우리 산천을 그려 낸 것입니다.

김홍도 필 마상청앵도
조선 후기의 화가 김홍도가 자연과 어울리는 인간의 모습을 표현한 작품입니다.

김득신 필 파적도
파적도란 '고요함이 깨진 그림'이라는 뜻이에요. 갑자기 등장한 고양이를 잡으려는 주인 부부의 긴박함을 실감 나게 그렸습니다.

이암 필 화조구자도

작호도
눈에 노란 불을 켠 호랑이의 모습이 매우 매서우며, 그런 호랑이에게 대들고 있는 까치의 모습이 재미있습니다. 조선 후기 민화는 이처럼 작가를 알 수 없는 경우가 많아요.

지도

혼일강리역대국도지도

천하도

조선팔도고금총람도

조선국팔도통합도

대동여지도 중(中) 제주도

혼일강리역대국도지도
조선 초에 만들어진 우리나라 최초의 세계 지도예요. 중국과 일본에서 들여온 지도를 활용했으며, 유럽과 서양에 대해 잘 알지 못했을 때에도 아라비아, 아프리카, 유럽 등을 표현했습니다.

천하도
조선 중기에 유행하던 세계 지도로, 중앙에 중국과 우리나라가 바다에 둘러싸여 있습니다. 그 바깥쪽에는 군자국, 삼수국 등 가상의 국가들이 있습니다.

조선국팔도통합도

조선팔도고금총람도
1673년 조선 현종 때 만들어진 목판 지도입니다.

지도 地圖

우리 조상들은 우리나라를 다양한 형태의 지도로 표현해 왔습니다. 지도는 군사 목적, 세금을 거두어들이는 목적 등으로 사용되었어요. 한반도 전체를 그리기도 했으며, 용도에 따라 우리나라의 일부를 그려 활용하기도 했습니다.

대동여지도 중(中) 제주도
김정호가 1861년 제작한 목판 지도입니다. 총 126개의 목판을 합쳐 우리나라 전체를 표현했으며, 김정호가 직접 탐사 및 측량해 제작했어요.

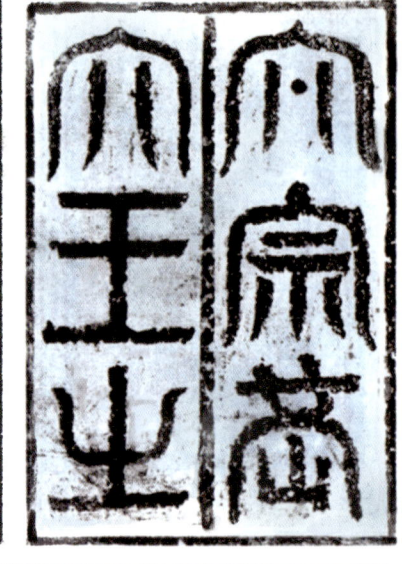

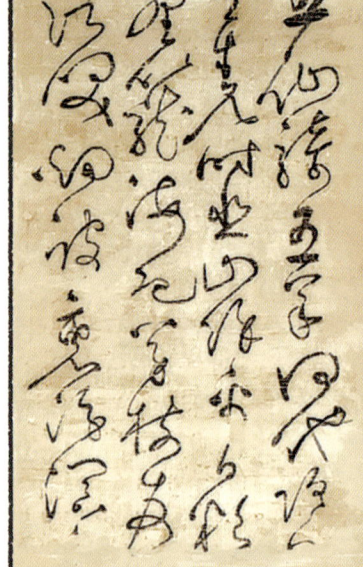

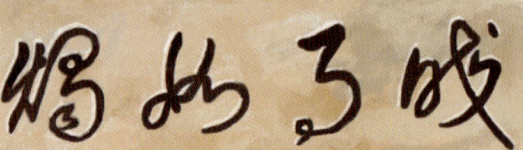

빅셩의 꿈니르는 글이라
닐곰이니르샤뎌너의쳐엄의예손디후리어
기며도로혀의심호디에손디드럿던거시니
을먹디말오서로권호여다오며너희를
즈셰아라나오거나후리인사름을안히더브

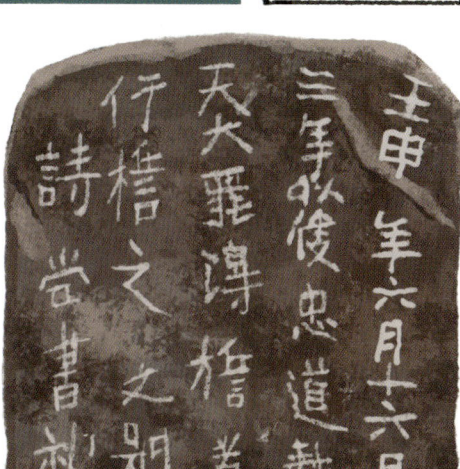
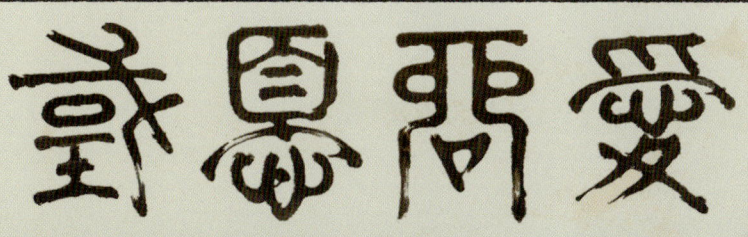

우리 조상들은 한자와 한글을 이용해 일상생활의 안부를 묻거나 기록을 남겼습니다. 이러한 문자는 시대에 따라 그 양식이 다양하며, 소중한 역사적 자료로 활용됩니다.

광개토왕호 우명문

태종무열왕릉비 전액
문무왕 때 세워진 무열왕릉비의 글씨예요. 전액(篆額)이란 당시 유행한 전서체(篆書體)로 쓴 비석 윗부분의 문자를 말해요.

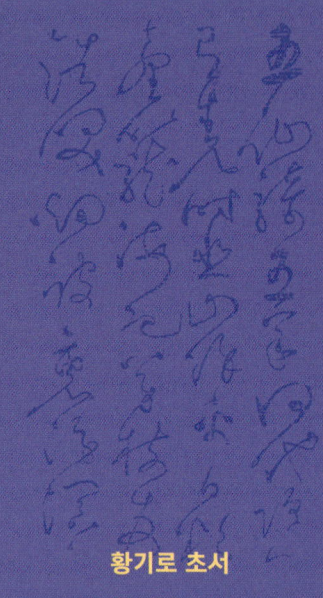

황기로 초서

광개토대왕비 탁본
중국 길림성 집안시에 있는 고구려 광개토 대왕의 비석입니다. 광개토 대왕의 아들인 장수왕에 의해 세워졌습니다. 고구려 시대의 정치와 사회에 관해 알 수 있는 귀중한 사료입니다. 고구려 건국 설화와 왕실 계보, 광개토 대왕의 영토 확장과 관련한 내용이 실려 있어요. 하지만 오랜 세월이 지나면서 닳아 없어지거나 훼손된 글자가 많아서 정확한 내용에 대해서는 다양한 의견이 오가고 있습니다.

교월여촉
'교월여촉'은 '달이 촛불처럼 밝다'라는 뜻으로, 숙종이 친히 쓴 글씨인 어필(御筆)이에요.

영조예필

선조국문유서
임진왜란 중 일본의 포로가 되거나 일본에 항복한 백성들에게 선조가 직접 쓴 글입니다. 평범한 백성들도 읽을 수 있도록 국문으로 썼으며, 백성들에게 다시 조선의 편으로 돌아오라고 요청하는 내용입니다.

문자도
조선 후기 민화의 한 종류로, 유교 이념인 충(忠), 의(義), 효(孝), 신(信), 예(禮) 등을 새겨 넣었어요.

송시열 필 해운정 현판
1530년 강원도 관찰사가 강릉에 지은 별당의 현판입니다.

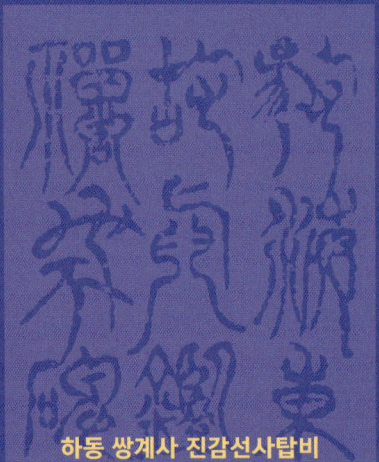

하동 쌍계사 진감선사탑비

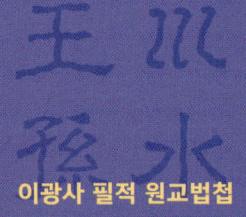

이광사 필적 원교법첩

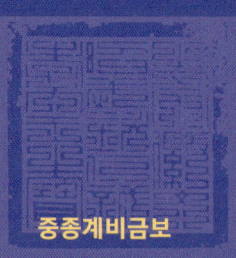

중종계비금보

문자 文字

이징 필 화개현구장도

공민왕 필 부석사 무량수전 현판
경상북도 영주의 부석사 무량수전에 걸린 편액(扁額)으로, 고려 공민왕이 직접 썼다고 전해요. 편액이란 사찰 각 건물의 이름을 적은 나무 판입니다. 우리나라 사찰의 편액 가운데 가장 오래된 것으로 알려져 있습니다.

훈민정음
1443년에 훈민정음, 즉 한글이 만들어졌어요. 그리고 훈민정음의 내용과 창제 과정을 담은 《훈민정음 해례본》을 만들어 반포했습니다. 우리가 지금 사용하고 있는 한글 해설서라고 보면 돼요.

월인천강지곡
'월인천강지곡(月印千江之曲)'이란 하나의 달이 1000개의 강물에 닿는다는 말로, 부처님의 자비가 달빛처럼 은은히 모든 백성들에게 닿는다는 의미예요.

한석봉 천자문
조선의 대표적인 명필 한석봉이 직접 쓴 필체로 간행한 목판 천자문입니다. 1583년에 처음 간행된 이래, 수백 년간 조선 시대에 가장 널리 퍼진 천자문이에요.

효종 어필
효종 왕비 인선왕후가 다섯 명의 공주들에게 쓴 한글 편지입니다.

대포황천

봉은사 판전 현판
추사체(秋史體)라는 필체로 유명한 김정희가 71세에 직접 썼으며, 이 글씨를 적고 3일 뒤에 세상을 떠났다고 해요.

효종대왕 어서

대천오십

임신서기석
신라의 두 청년이 충성을 다할 것, 그리고 유교 경전을 공부할 것을 맹세하는 내용의 글이 적힌 비석입니다. 신라 시대 유교와 유학에 대한 이해를 보여 주기에 귀중한 자료입니다.

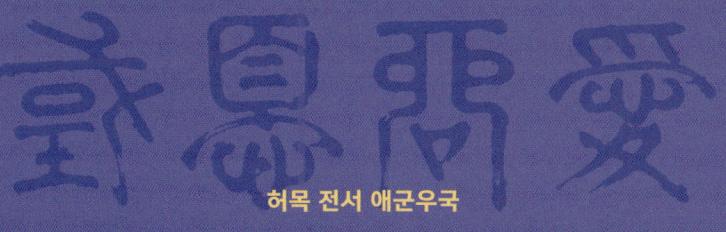
허목 전서 애군우국

정조대왕 능행 반차도

숙종 발인 반차도

영조-정순왕후 친영 반차도

효장세자 책례 반차도
영조의 아들인 효장 세자를 왕세자로 책봉하면서 당시의 기록을 담은 그림입니다. 효장 세자에게 책봉을 증명하는 책인(册印)을 전달하는 모습을 여기에 담아냈습니다.

대사례도
조선 영조 시대에 있었던 대사례 의식을 기록한 그림입니다. 대사례란 다섯 개의 의례 가운데 군사와 관련된 의례로, 임진왜란 이후에 폐지되었던 것을 영조의 명령으로 부활시킨 것입니다.

선의왕후 발인 반차도
1730년, 선의 왕후의 장례를 치르는 과정을 기록한 《의궤》의 반차도입니다. 장례를 준비하는 인원과 절차를 매우 구체적으로 기록했습니다.

사도세자 혜빈 친영 반차도
친영(親迎)이란 왕이나 왕세자가 별궁에서 신부를 맞이해 궁궐로 다시 돌아오는 과정을 말합니다. 사도 세자는 왕세자빈으로 혜경궁 홍씨를 맞이했는데, 이 《의궤》에는 사도 세자가 혜빈, 즉 혜경궁을 궁으로 데려오는 과정이 담겨 있습니다.

의궤

정조대왕 능행 반차도
1795년 정조는 완성된 수원 화성에 행차했는데, 당시 8일 동안 수원 인근에 행차하는 과정을 담은 그림입니다. 이 그림은 길이가 180m가 넘으며 행차의 과정이 매우 세세하게 담겨 있습니다.

숙종 발인 반차도
조선 숙종의 장례를 치르는 과정을 기록한 《의궤》입니다. 왕의 장례는 무척 정성스럽게 거행되는데, 우선 곤룡포를 지붕 위에서 흔들며 혼을 돌아오게 하는 복을 행하고, 또한 왕의 시신을 깨끗이 씻겨 봉안하고 시호를 올려 왕의 업적을 기립니다.

영조-정순왕후 친영 반차도
영조와 정순 왕후의 결혼을 기록한 《의궤》의 그림입니다. 별궁에서 결혼식을 치른 뒤, 왕이 정순 왕후를 맞이해 직접 창경궁으로 데려오는 행렬을 그림으로 기록했습니다.

儀軌

큰 규모의 국가 행사, 혼인이나 장례와 같은 의례(儀禮)를 치른 후에 관련된 기록들을 정리한 보고서입니다. 조선의 각종 행사 법칙에는 유교적 윤리와 예절이 모두 반영되었습니다. 《의궤》에는 후대에 같은 종류의 행사를 치를 때 참고하도록 참여한 인원, 들어간 비용, 행사를 기록한 그림인 반차도(班次圖) 등이 남아 있습니다.

불상

반가사유상

탑

석등, 비석

종

사찰

강릉 한송사지 석조보살좌상

경주 불국사 금동비로자나불좌상

평창 월정사 석조보살좌상

장흥 보림사 철조비로자나불좌상

연가 7년명 금동여래입상

경주 석굴암 본존불

금동관음보살입상 (삼양동)

불상

서산 용현리 마애여래삼존상

공주 의당 금동보살입상

부여 군수리 금동보살입상

강릉 한송사지 석조보살좌상
1912년 일본으로 반출되었다가 1965년 한일 협정 때 되돌려받은 불상입니다. 흰 대리석으로만 만들어 우아하고 온화한 느낌을 줍니다.

경주 불국사 금동비로자나불좌상
진리의 세계를 두루 통솔한다는 의미를 지닌 비로자나불(毘盧遮那佛)을 형상화한 불상이에요.

평창 월정사 석조보살좌상

장흥 보림사 철조비로자나불좌상

연가7년명 금동여래입상
'연가'는 삼국 시대에 쓰이던 연호예요. 불상에 새겨진 '연가 7년'을 통해 고구려 안원왕 때 만들어진 불상으로 볼 수 있어요.

경주 석굴암 본존불
석굴암은 신라 경덕왕 10년(751년)에 만들기 시작해 혜공왕 10년(774년)에 완성했습니다. 석굴암에는 입구인 전실과 원형의 주실이 있는데, 본존불은 주실에 있는 가장 큰 불상입니다. 뛰어난 조각 기법과 사실적인 표현이 어우러진 본존불은 역사적 가치뿐 아니라 예술적 가치도 매우 뛰어난 작품입니다. 석굴암은 불국사와 함께 유네스코 세계 문화유산으로 등재되어 있습니다.

금동관음보살입상(삼양동)

불상
佛像

서산 용현리 마애여래삼존상
흔히 '백제의 미소'라고 알려져 있어요. 여래 입상과 반가사유상, 보살 입상이 함께 위치해 삼존상(三尊像)이라고 불러요.

공주 의당 금동보살입상

부여 군수리 금동보살입상

경주 백률사 금동약사여래입상
모든 중생의 질병을 치료해 준다는 약사불을 형상화한 불상이에요. 통일신라의 3대 불상 중 하나랍니다.

금동관음보살입상
(구미 선산읍)

철원 도피안사 철조비로자나불좌상
신라 말, 풍수지리설을 우리나라에 들여온 것으로 알려진 도선 대사에 의해 철원 도피안사가 창건되었는데 그곳에 있는 불상이에요. 철로 제작되었어요.

경주 구황동 금제여래좌상

영주 부석사 소조여래좌상
부석사 무량수전에 있는 소조 불상으로, 우리나라에서 가장 오래된 소조 불상이라고 해요. 소조 불상이란 나무로 골격을 만들고, 거기에 진흙을 붙여서 만든 불상을 말해요.

경주 감산사 석조아미타여래입상

부여 규암리 금동관음보살입상
충청남도 부여의 어느 절터의 무쇠솥 안에서 발견되었어요.

영암 월출산 마애여래좌상
전라남도 영암의 월출산 암벽을 깊게 파서 불상 자리를 마련하고, 그 안에 8.6m 높이의 거대한 불상을 만들어 놓았어요.

금동보살입상

금동미륵보살반가사유상
정교한 세공 기술로 만들어져 예술적 가치가 매우 높은 것으로 인정받고 있어요. 지금은 국립중앙박물관 '사유의 방'이라는 전시실이 놓여 있어요.

불상이란 부처의 동상을 말하며, 부처를 보좌했던 보살과 여러 신의 동상을 말하기도 합니다. 귀는 길며, 저마다 다른 장신구와 옷차림을 하고 있습니다. 불상은 자세에 따라 다른 이름이 붙어요. 앉아 있는 것은 좌상(坐像), 서 있는 것은 입상(立像), 오른 다리를 왼 다리 위에 얹은 것은 반가상(半跏像) 등으로 불립니다. 우리나라의 불상은 그 시대와 국가에 따라 저마다 다른 아름다움을 띱니다.

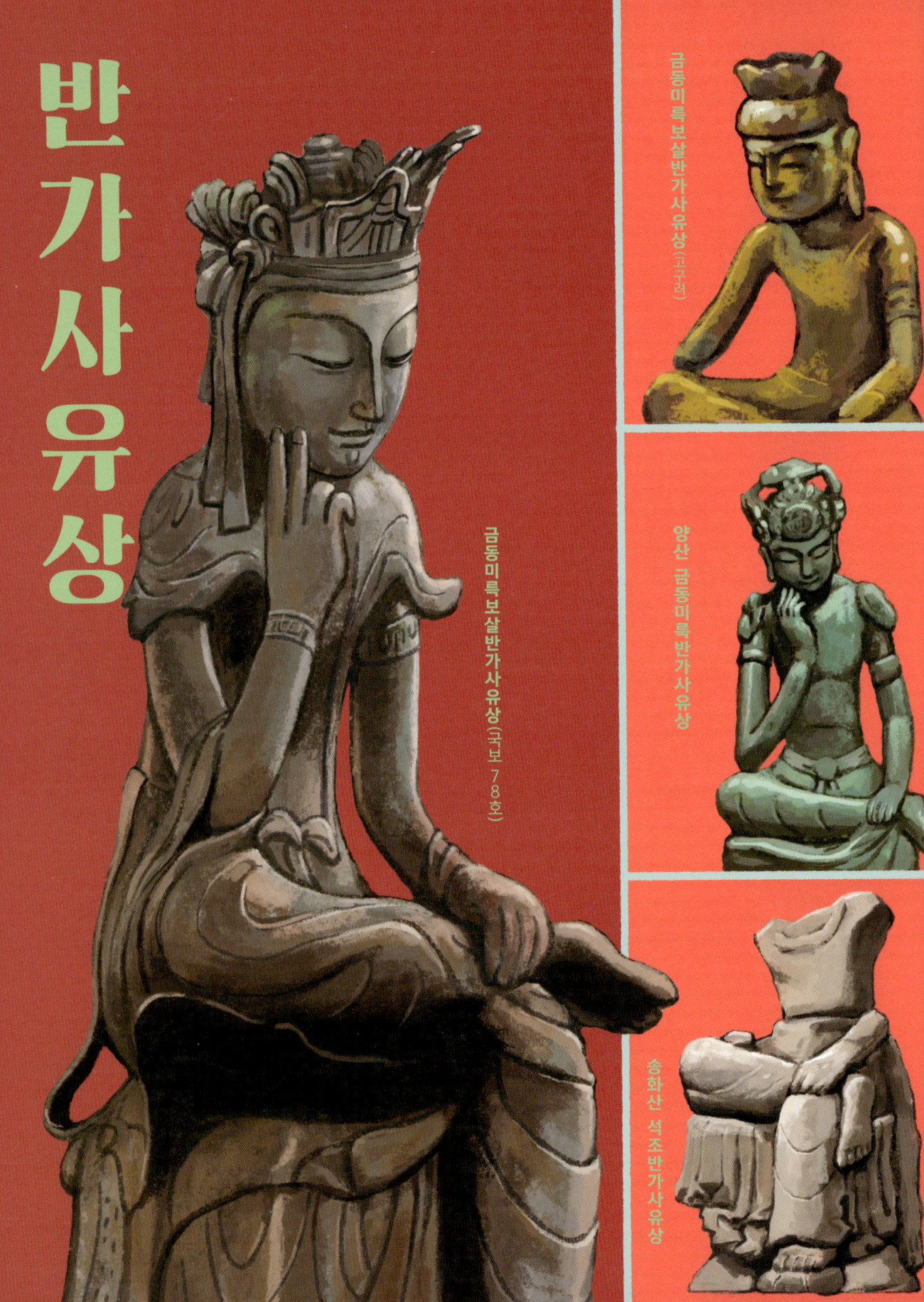

금동미륵반가사유상

금동미륵보살반가사유상
(방형대좌 금동미륵보살반가사유상)

봉화 북지리 석조반가상

금동미륵보살반가사유상(국보 83호)

반가사유상
半跏思惟像

대좌(臺座), 즉 의자에 걸터앉아 왼 다리는 내리고 그 위에 오른 다리를 얹고 있습니다. 또한 오른쪽 팔꿈치를 무릎에 두고 손끝을 뺨에 대어 깊은 생각에 잠겨 있는 모습입니다. 부처가 깨달음을 얻기 전 인생의 덧없음을 느끼며 고뇌하던 모습에서 유래했다고 해요. 우리나라에서는 6~7세기 무렵에 주로 제작되었으며, 현재는 40여 개의 반가사유상이 남아 있습니다.

금동미륵보살반가사유상(고구려)
고구려의 반가사유상이에요. 이 유물을 통해 삼국 모두에서 반가사유상을 제작했음을 알 수 있습니다.

양산 금동미륵반가사유상

금동미륵보살반가사유상(국보 78호)
일본인이 입수해 조선 총독부에 넘겼던 것을 1916년 총독부박물관으로 옮겼고, 현재는 국립중앙박물관에 전시 중입니다. 대좌에 앉아 오른발을 왼 다리 위에 올려놓고, 오른쪽 팔꿈치를 무릎 위에 올린 채 손가락을 뺨에 댄 모습의 전형적인 반가사유상입니다. 화려한 보관(寶冠)을 쓰고 있는 것이 특징인데, 마치 탑처럼 솟아 있는 이 보관은 달과 태양을 결합한 특이한 형식으로 '일월식(日月蝕) 보관'이라고도 불립니다.

금동미륵반가사유상

금동미륵보살반가사유상
(방형대좌 금동미륵보살반가사유상)

금동미륵보살반가사유상
(국보 83호)

국내에서 가장 큰 금동반가사유상으로, 93.5cm 높이입니다. 머리에 3개의 면이 둥근 관을 쓰고 있어 '삼산반가사유상'이라고도 불려요. 왼발은 작은 연꽃무늬 대좌를 밟고 있으며, 오른발은 왼쪽 무릎 위에 사뿐히 얹고 있어요. 일본 교토 고류지 목조반가사유상과 매우 흡사해 6~7세기 우리나라와 일본의 교류에도 큰 주목을 받은 바 있습니다. 7세기 초반에 제작된 신라의 불상으로 추정했으나, 최근에는 둥근 모양과 단순한 조각 등이 신라보다는 백제의 분위기에 가깝다는 의견이 있어 백제의 불상으로 보기도 합니다.

봉화 북지리 석조반가상
상반신은 깨져 없어지고, 하반신과 연꽃무늬의 받침대만 남아 있어요. 반가상 가운데 세계 최대의 규모이며, 본래 규모는 3m 이상으로 추정됩니다. 돌을 일일이 깎아 만들어 신라의 우수한 기술을 보여 줍니다.

송화산 석조반가사유상
경주 송화산에서 처음 발견 당시 양팔과 머리 부분이 잘려 나간 상태였어요. 125cm 높이로, 세계적으로도 몇 없는 거대한 크기의 반가사유상이에요.

탑 塔

부처의 사리, 경전 등을 보관하는 곳입니다. 한국의 탑은 주로 돌로 축조한 석탑(石塔)이며, 벽돌 모양의 돌로 축조한 전탑(塼塔)과 나무로 축조한 목탑(木塔), 전탑을 본떠 만든 모전석탑(模塼石塔) 등이 존재합니다. 탑은 종교적인 가치뿐 아니라, 우리 건축사에서도 중요한 유산입니다.

영양 산해리 오층모전석탑

익산 미륵사지 석탑
우리나라에 남아 있는 석탑 중 가장 크고, 가장 이른 시기에 건축되었어요. 1915년 일본인들이 한쪽 면에 시멘트를 발라서 크게 훼손되었지만 지금은 본래 모습을 되찾았어요.

평창 월정사 팔각구층석탑

개성 경천사지 십층석탑
고려가 중국 원나라의 간섭하에 있던 시기에 축조되었어요. 현재는 국립중앙박물관에 전시되어 있습니다.

경주 정혜사지 십삼층석탑

원주 법천사지 지광국사탑
일제 강점기에 일본으로 몰래 빼돌렸던 것을 다시 돌려받았어요. 고려의 승려 해린을 기리려고 세운 탑이라고 해요.

구례 화엄사 사사자 삼층석탑
6세기 신라의 전성기를 구가한 진흥왕 때 세워진 화엄사의 석탑입니다. 네 마리의 사자가 그려져 있어, '사사자석탑'이라고도 불려요.

창녕 술정리 동 삼층석탑
8세기 통일 신라 시대에 세워진 석탑으로, 간결하고 정교한 비율을 자랑하는 통일 신라의 전형적인 석탑 양식을 띠고 있습니다.

충주 정토사지 홍법국사탑

충주 탑평리 칠층석탑

공주 마곡사 오층석탑

안동 법흥사지 칠층전탑
흙으로 만든 벽돌을 쌓아 세운 전탑으로, 통일 신라 때 조성된 법흥사에 있던 탑으로 추정하고 있습니다. 17m 높이로 국내에 남아 있는 가장 크고 오래된 전탑이에요.

남원 실상사 백장암 삼층석탑
일반적인 탑이 위로 올라갈수록 너비와 높이가 줄어드는 반면, 너비와 높이가 대체로 일정한 것이 특징이에요. 모두 돌로 조각해 층마다 보살, 인물 등의 형상을 새겼어요.

화순 운주사 원형다층석탑

경주 감은사지 삼층석탑

경주 불국사 다보탑
통일 신라 때 창건한 불국사의 주요 석탑입니다. 목조 건축 구조를 짜임새 있고 섬세하게 표현해 가치가 매우 높아요.

보협인석탑

금동탑

김제 금산사 육각다층석탑

석등 石燈

석탑의 부수물로, 대부분 석탑 앞에 위치해 있습니다. 초기에는 어두운 곳을 밝히는 용도였으나 나중에는 사람들의 마음에 불교의 이치를 밝힌다는 신앙적인 의미가 추가되었습니다. 우리나라의 석등은 삼국 시대부터 다양한 형태와 양식이 나타납니다.

천안 봉선 홍경사 갈기비
거북 모양의 받침돌과 머릿돌에는 구름에 휩싸인 용이 새겨져 있어요. 몸통의 비문은 고려 최고의 문인 중 한 명인 최충이 작성했습니다.

북한산 신라 진흥왕순수비
6세기 신라의 전성기를 이끈 진흥왕이 한강 유역을 정복한 뒤 신하들과 신라의 영토를 살피며 다닐 때 세운 기념비예요.

충주 청룡사지 보각국사탑 앞 사자 석등

구례 화엄사 사사자석탑 앞 석등

영주 부석사 무량수전 앞 석등
통일 신라 때 만든 8각형 모양의 석등입니다. 특히 정교한 비례와 화려하면서도 아름다운 조각으로 신라 시대의 석등 중에서도 걸작으로 꼽힙니다.

여주 신륵사 보제존자석종 앞 석등

남원 실상사 백장암 석등

碑石 비석

돌로 만든 비(碑)로, 죽은 이의 업적을 후세에 널리 전하고자 만들었습니다. 비석에 적힌 글을 통해 과거 시대의 생활 양식과 전통, 풍습, 제도, 역사적 사건 등을 파악할 수 있습니다.

계유명삼존천불비상
삼국 통일 후인 7세기경, 신라에 통합된 백제 유민들이 만들었을 것으로 추정하는 비석입니다. 당시의 마을 공동체인 향도 250여 명이 함께 비석을 조성했다는 기록이 새겨져 있어요.

무령왕릉 석수
공주 무령왕릉에서 발굴되었고, 무덤을 지키는 상상의 동물이에요.

울진 봉평리 신라비

보은 법주사 쌍사자 석등
밑받침돌 위에 사자 두 마리가 가슴을 맞대고 서 있어 '쌍사자 석등'이라고 불려요. 통일 신라 성덕왕 대에 세워졌을 것으로 추정하며, 사자의 모습을 사실적으로 표현했습니다.

여주 고달사지 승탑

경주 태종무열왕릉비
받침돌은 거북 모양, 머릿돌은 용 모양이에요. 아들 문무왕 대에 세워졌으며, 표현이 사실적이고 생동감이 넘칩니다.

단양 신라적성비

구례 화엄사 각황전 앞 석등
6.4m의 높이로, 국내 최대 규모의 석등입니다. 부처의 광명(光明)을 상징한다고 하여 '광명등'이라고도 불려요.

용주사 동종

상원사 동종

성거산 천흥사명 동종

사인비구 제작 동종 중
포항 보경사 서운암 동종

무술명 동종

진관사 동종

보은 법주사 동종

고흥 능가사 동종

종

청녕 사년명 동종

갑사 동종

전등사 철종

성덕대왕신종

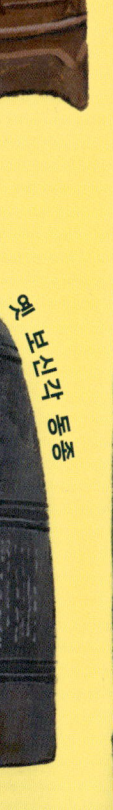
옛 보신각 동종

용주사 동종

상원사 동종
강원도 오대산 상원사에 소재 중입니다. 우리나라에 현재 남아 있는 통일 신라 시대의 종 3개 중에서 가장 오래된 것으로 역사적 가치가 매우 높습니다.

성거산 천흥사명 동종
국내에 존재하는 고려 시대의 종 중에서 가장 큰 규모를 자랑해요.

사인비구 제작 동종 중 포항 보경사 서운암 동종

무술명 동종

진관사 동종

보은 법주사 동종
1636년에 만들어진 종으로, 용뉴의 모양과 몸통에 배치된 9개의 연뢰(蓮雷)가 우리나라의 전형적인 전통 종 양식이에요. 높이 76cm, 지름 48.1cm의 청동 종으로, 일반적인 범종과 비교해 크기가 작아요.
용뉴란 종의 꼭대기 부분의 장식을 뜻해요.

고흥 능가사 동종

청녕 사년명 동종   갑사 동종

종 鍾

불교에서 종은 땅속의 영혼과 귀신을 불러낼 때 울리는 악기입니다. 청동 또는 철로 제조한 거대한 종의 당좌(撞座) 부분에 커다란 나무 기둥을 부딪쳐서 소리를 냅니다. 우리나라의 종은 소리가 길고 오랫동안 높고 낮은 소리의 울림이 반복되는 것이 특징입니다.

전등사 철종
일제 강점기에 중국에서 건너온 철종이에요. 광복 후 인천에서 발견되어 전등사에서 보존하고 있어요. 중국 북송 시대에 만들어진 것으로 추정합니다.

성덕대왕신종
높이 3.66m, 지름 2.27m, 무게는 18.9t에 달합니다. 신라 경덕왕이 아버지 성덕왕의 업적을 기리고자 종을 만들었으나, 그 뒤를 이은 혜공왕 때에 이르러서야 비로소 완성되었어요. 종을 매다는 고리 역할의 용뉴는 용머리 모양이며, 몸체는 꽃무늬가, 어깨 밑으로는 연꽃 모양의 꽃봉오리가 둘러싸고 있어요. 종을 만들 때 갓난아이를 바쳐 완성했다는 설화가 전해집니다. 그래서 종소리가 마치 어머니를 원망하듯 '에밀레'라는 소리로 들린다고 하여 '에밀레종'이라고도 불립니다.

옛 보신각 동종
1468년 제작된 조선 시대의 종으로, 임진왜란 후 종루(지금의 보신각)에 보관했습니다. 그래서 '보신각종'으로도 불려요. 지금도 새해 첫날 제야의 종을 울릴 때 사용하고 있습니다.

사찰

영암 도갑사 해탈문

순천 송광사 국사전

보은 법주사 팔상전

평창 월정사 일주문

강진 무위사 극락보전

합천 해인사 장경판전

양산 통도사 대웅전

금강계단

사찰 寺刹

사찰, 즉 절은 승려가 불상을 모셔 놓고, 불교를 연구하고 예배를 드리는 곳입니다. 우리나라의 사찰 건물은 시대에 따라 다양한 건축 양식으로 건립되었어요. 이곳에는 불상, 탑, 석등이 함께 있어 더욱 아름답게 느껴집니다.

영암 도갑사 해탈문
'해탈문'은 모든 잡념에서 벗어나는 문이라는 뜻으로, 우리나라의 대표적인 절 문입니다.

순천 송광사 국사전
송광사는 우리나라 3대 사찰 중 하나예요. 국사전은 우리나라를 빛낸 스님 16명을 모시며 그들의 덕을 높게 기리고자 조성한 건물입니다.

강진 무위사 극락보전
곡선 재료를 많이 사용하던 고려 후기의 건축 양식과 비교해 대부분 직선 재료를 써서 간결하면서 짜임새 있는 것이 특징입니다.

보은 법주사 팔상전
우리나라에 남아 있는 유일한 5층 목조 탑 건축물이에요.

평창 월정사 일주문
'일주'란 4개의 기둥이 아닌 2개의 기둥만으로 지붕을 지탱하는 방식입니다. 월정사 일주문에는 절에 들어가면서 잡념을 버리고 진리를 깨닫고자 하는 의미가 담겨 있어요.

합천 해인사 장경판전
13세기 몽골의 침입을 격퇴하기 위해 제작한 고려의 《팔만대장경》을 보존하고 있어요. 1995년 유네스코 세계 문화유산에 등재되었어요.

양산 통도사 대웅전
금강계단
대웅전 앞 계단 가운데에 종 모양의 조형물을 설치했는데, 이곳에 실제 부처님의 몸에서 나왔다고 전해지는 진신사리가 보관되어 있어 주목받았습니다.

기둥을 보면 중심부가 위아래보다 더 굵은 배흘림기둥 양식이에요. 부석사는 신라 승려 의상이 창건했어요.

영주 부석사 무량수전

위쪽의 계단이 청운교, 아래쪽의 계단이 백운교입니다. 청운교와 백운교를 오르면 자하문을 지나 불국사의 중심 건물인 대웅전에 들어설 수 있어요.

경주 불국사 청운교 및 백운교

화엄사는 통일 신라 때 창건되었습니다. 그중 각황전은 팔작지붕과 처마를 받치는 다포 양식으로 지어 화려함이 돋보입니다.

구례 화엄사 각황전

영천 거조사 영산전

후백제를 건국한 견훤이 첫째 아들 신검에 의해 이곳 미륵전에 유폐된 적이 있어요.

김제 금산사 미륵전

순천 선암사 승선교

우리나라에서 가장 오래된 목조 건물 중 하나이며, 백제 계통의 목조 건축 방식에 더하여 고려 주심포 양식이 반영된 훌륭한 건축물입니다.

예산 수덕사 대웅전

안동 봉정사 극락전

검

금관

장신구

전돌, 기와

건축

천문

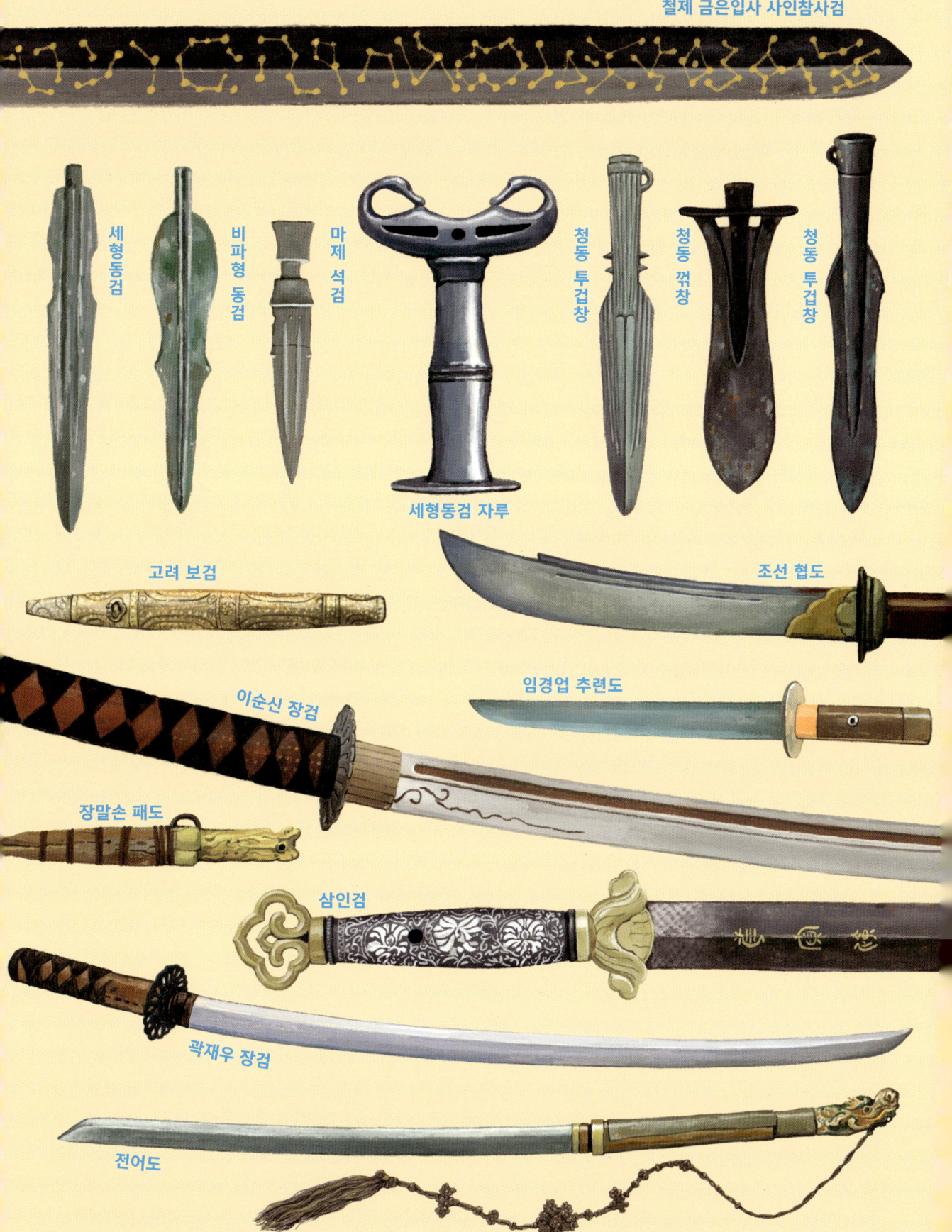

검 劍

칠지도
백제의 왕이 일본에 하사한 가지 모양의 철제 칼입니다.

경주 계림로 보검

금관총 환두대도
경주의 금관총에서 출토된 신라의 금동 재질 환두대도입니다.

검은 동양에서 널리 사용된 무기로, 칼자루의 양식에 따라 서로 다른 이름으로 불립니다. 칼자루 부분의 금속 세공과 장식, 칼날의 주조 등 당대의 다양한 기술이 결합되었기에 우수한 기술력이 뒷받침되어야 했어요. 선사 시대에는 짐승을 사냥하고 무리를 보호하기 위해 돌, 청동 재질의 검을 주로 사용했고, 금속 기술이 발달하면서 검은 주로 전쟁 때 장군들이 사용했어요. 무덤의 부장품으로 출토되는 검의 경우 그 장식과 검에 사용된 기술이 우수할수록 피장자의 지위와 권세가 높았음을 확인할 수 있습니다.

돌 화살촉
청동기 시대 돌로 만든 화살촉이에요.

용봉장식 환두대도

무령왕릉 환두대도
무령왕릉 발굴 당시 출토된 검으로, 자루 끝에 두 마리의 용이 추가로 장식되어 있어요. 백제의 우수한 제작 기술이 돋보이는 작품입니다. '환두대도'란 고대 동양의 무기로, 칼자루 부분에 고리 모양의 장식이 있는 검을 말합니다.

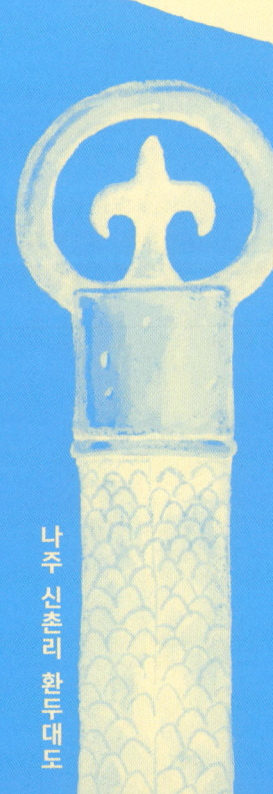
나주 신촌리 환두대도

철제 금은입사 사인참사검 인(寅, 호랑이)에 담긴 기운으로 재앙을 물리치기 위해 제작된 검입니다.

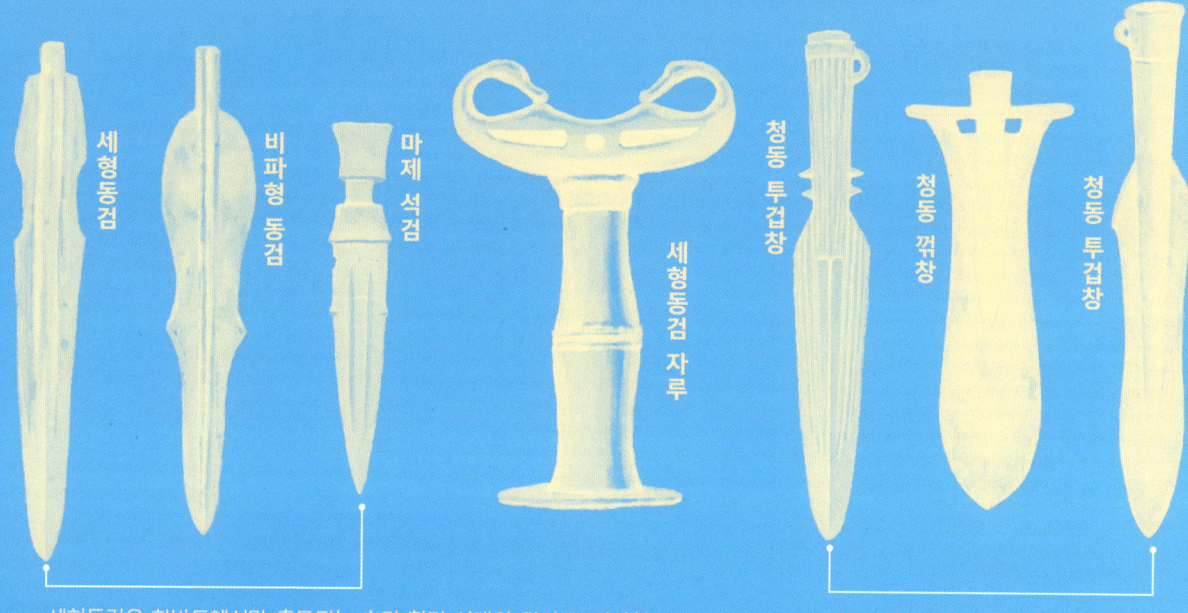

세형동검은 한반도에서만 출토되는 초기 철기 시대의 검이고, 비파형 동검은 청동기 시대의 유물로, 고조선의 영역을 짐작하게 해 줍니다. 마제 석검은 신석기에서 청동기 시대 사이에 만든 돌검입니다.

투겁창은 동북아시아에서 널리 사용된 무기로, 창과 유사합니다. 꺾창 역시 무기의 일종으로, 긴 자루에 꺾창을 거의 직각으로 끼워서 사용합니다.

임경업 추련도 조선 시대 임경업 장군이 몸에 지니고 다녔다고 해요.

이순신 장검 길이가 무려 197.5cm예요. 검의 주인인 이순신 장군은 1594년부터 이 검을 사용했다고 전해져요.

장말손 패도

삼인검 호랑이를 뜻하는 '인(寅)'이 악한 기운을 물리칠 수 있다 하여, 호랑이해인 인년(寅年)의 인월(寅月) 인일(寅日)에만 특별히 제조한 검이에요.

곽재우 장검 임진왜란 때 활약한 의병장 곽재우가 남긴 검이에요.

전어도 조선을 건국한 이성계의 검이라는 이야기가 있으나 확실하지는 않아요.

금관

경주 황남동 금제 드리개

금령총 금관 장식

무령왕 금제 관식

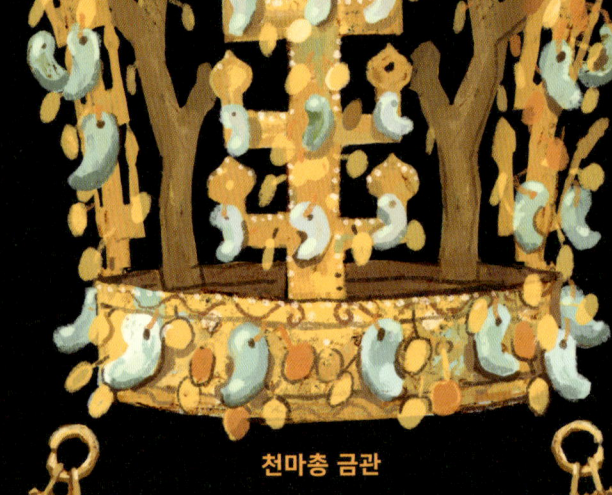
천마총 금관

무령왕비 금제 관식

황남동 금 장신구

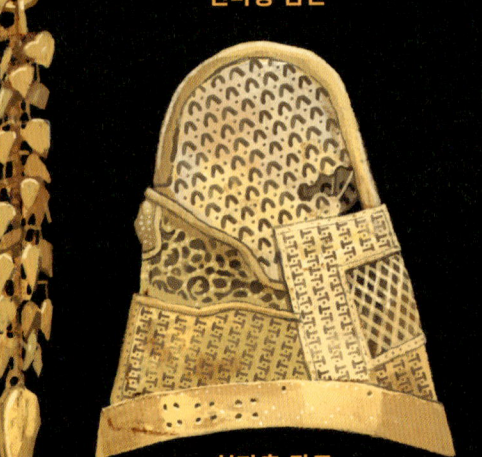
천마총 관모

황남 대총 귀걸이

보문동합장분 출토 금제 귀걸이

금관총 금귀걸이

입점리 고분 출토 금동관

신라 은제 관모

금관총 금제 허리띠

지산동 32호분 출토 금동관

금관총 금관

금관총 금제 관식

나주 신촌리 금동관

가암동 고분 출토 금동관

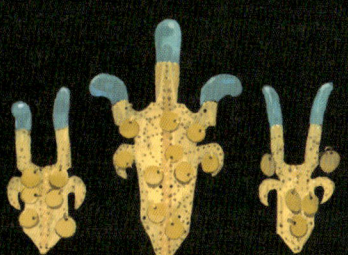
전 고령 금관

지산동 30호분 출토 금동관

전 창녕 금관

금관 金冠

왕과 왕비들이, 때로는 귀족들도 머리에 썼던 금제 관모입니다. 착용자의 신분을 나타내거나, 장례나 제사 등 특별한 행사가 있을 때 그 권위를 드러내며 부장품으로 많이 착용했어요. 고구려 유물 가운데 일부 금관이 확인되며, 주로 백제와 신라, 가야의 문화권에서 금제 장식과 금관을 착용했습니다. 특히 신라는 황금 세공 기술이 발달해 '황금 문화 시대'라고 불리기도 합니다.

천마총 금관
경주 천마총에서 발견된 신라의 금관입니다. 발굴 조사 중 금관과 더불어 다양한 금제 목걸이와 장식이 출토되었어요. 신라의 세공 기술이 얼마나 발달했는지 알 수 있습니다.

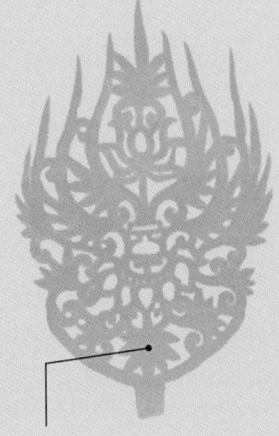

무령왕비 금제 관식
무령왕릉에서 출토되었고 왕비의 관 머리 부분에서 발견되었어요. 불꽃무늬가 솟아 있으며, 간결하면서도 세련된 백제의 기술을 보여 줍니다.

보문동합장분 출토 금제 귀걸이
우리나라에서 발견된 신라의 귀걸이 가운데 가장 아름다운 것 중 하나예요. 0.5mm도 되지 않는 얇은 금 알갱이들과 꽃문양이 매우 세밀하게 조각되어 있어요.

황남동 금 장신구

경주 천마총에서 출토된 것으로, 바깥쪽 관을 받치는 내관(內冠)입니다. 높이 16cm에 너비 19cm이며, 아래쪽은 활처럼 휘어 있어요.

천마총 관모

금관총 금귀걸이
경주 금관총에서 출토된 금귀걸이 500여 점 중 하나입니다.

입점리 고분 출토 금동관

신라 은제 관모

경주 금관총에서 발견되었습니다. 44.4cm의 높이와 19cm의 지름이며, '출(出)' 자 모양의 금관입니다. 수많은 옥이 달려 있어 화려함을 뽐냅니다. 신라 금관 중 본래의 색이 잘 보존되어 있고 형태도 가장 아름다운 것 중 하나예요.

금관총 금제 허리띠

경주 금관총에서 발견되었어요. 장식물들의 길이는 서로 다르며, 옥색, 적색, 청색 등 다양한 보석이 빛나고 있어요. 신라에서는 다양한 장식품, 작은 칼, 부싯돌, 족집게 등 일상 도구들을 허리띠에 함께 매달았는데, 금관총 금제 허리띠 역시 다양한 도구들을 시신과 함께 묻은 것으로 보여요.

금관총 금관

지산동 32호분 출토 금동관

전 고령 금관

지산동 30호분 출토 금동관

나주 신촌리 금동관

가야의 금관으로 추정합니다. 일본인 오쿠라 다케노스케가 일제 강점기에 우리나라에서 도굴한 유물로, 현재는 일본 도쿄박물관에 소장되어 있어요.

가암동 고분 출토 금동관

금관총 금제 관식

전 창녕 금관

장신구 裝身具

칠보 세공 귀걸이

은제 칠보 귀걸이

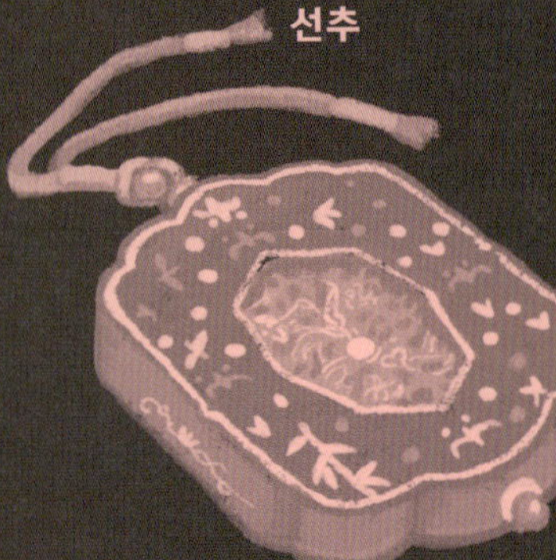

선추

무령왕릉 은팔찌

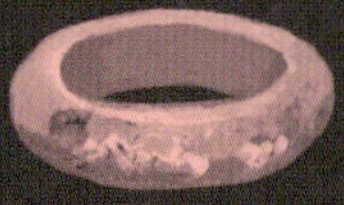

칠보반지

백제 금제 반지

은제 반지

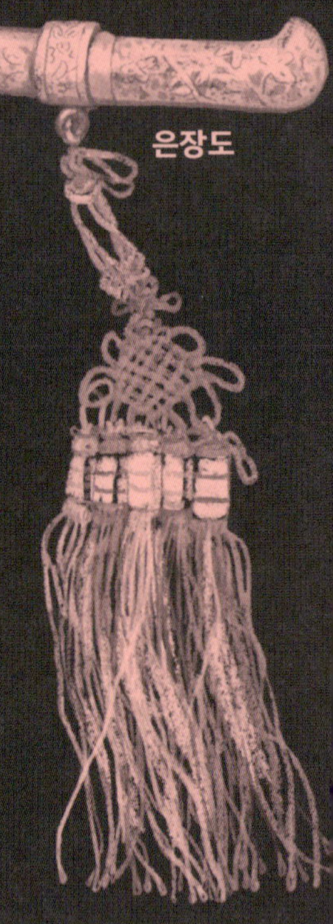

은장도

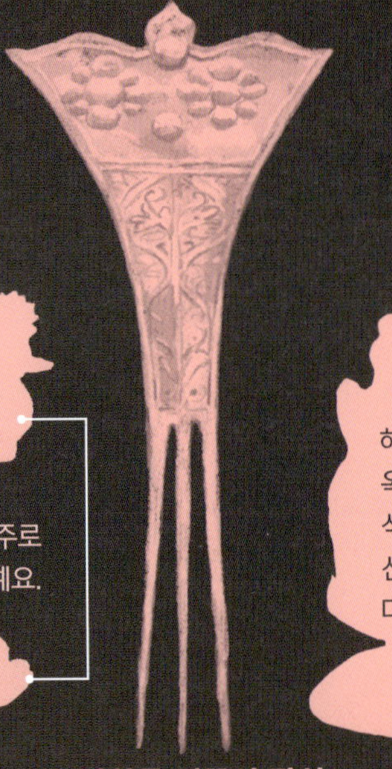

무령왕릉 구슬 장식
무령왕릉에서 출토된 구슬 목걸이로, 구슬에 노란색, 주황색, 파란색 등 다양한 색을 입혔어요. 이러한 양식의 목걸이는 백제의 영역 전체에서 폭넓게 발견됩니다.

도금 봉황 첩지

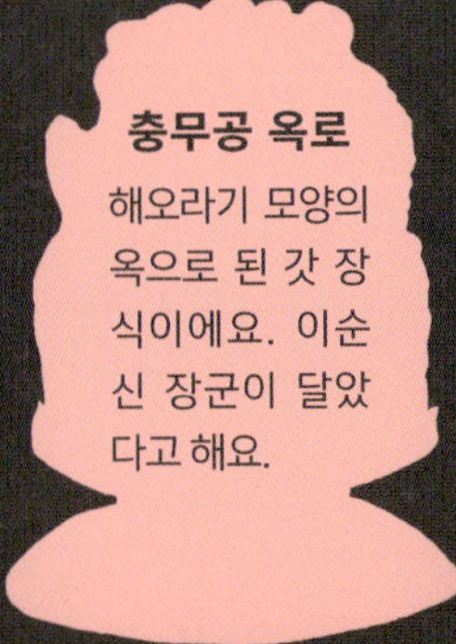

충무공 옥로
해오라기 모양의 옥으로 된 갓 장식이에요. 이순신 장군이 달았다고 해요.

첩지란 왕실의 여인들이 주로 쪽머리에 장식하던 장신구예요.

도금 용 첩지

무령왕릉 뒤꽂이 장식

박쥐 문양 단추

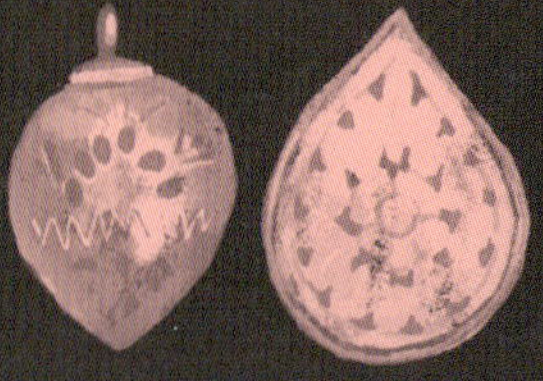

물방울 단추

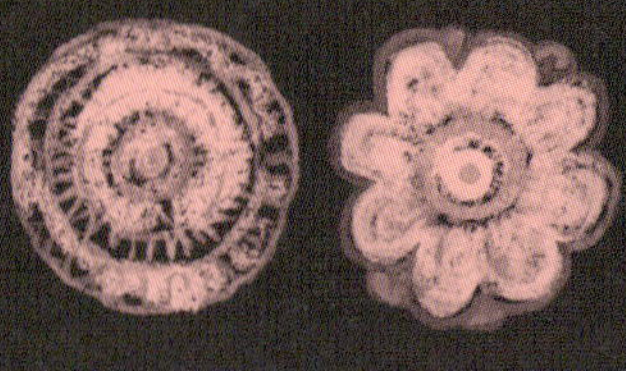

꽃무늬 단추

장신구는 몸을 치장하는 데 쓰이는 도구로, 귀걸이, 목걸이, 팔찌, 반지, 비녀, 관모, 갓끈, 댕기, 노리개 등 몸에 직접 착용하거나 옷에 달았습니다. 먼 옛날 구석기 시대부터 사람들은 자신의 지위나 신분 등을 드러내기 위해 장신구를 활용했어요.

조선 후기 선비들은 부채의 끝에 지남침을 달아 나침반으로 사용했으며, 시간을 계산하는 도구로도 썼대요.

선추

해시계 선추

선추는 부채의 자루에 다는 장식품으로, 안에 향을 넣어 좋은 냄새가 나게 했어요.

쪽 찐 머리 뒤에 덧꽂는 장식품입니다.

뒤꽂이

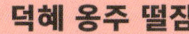

동물무늬 장도 / 음각도 장도

덕혜 옹주 떨잠
덕혜 옹주의 어머니가 딸에게 준 떨잠이에요. 덕혜 옹주는 고향이 그리워질 때마다 이 떨잠을 꺼내 보았다고 해요.

장도는 몸에 지니는 작은 칼이에요. 호신용으로도 사용했지만 대체로 장신구로 사용했대요.

구슬 장식 떨잠 / 꽃무늬 떨잠

떨잠은 높은 계급의 여인들이 머리에 달았던 장신구입니다.

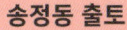

송정동 출토
강원도 동해 철기 시대의 유적지에서 발견되었어요. 은제 귀고리, 유리구슬 등과 함께 출토되었는데 가느다란 직사각형, 즉 대롱 모양의 구슬을 이어 붙였어요.

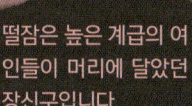
향갑

향갑(香匣)이란 향을 담는 자그마한 상자로, 방이나 장롱 속에 두거나 몸에 지니기도 했어요.

97

전돌

무령왕릉 전돌

낙랑 기하학무늬 전돌

갑산사지 전불

부여 외리 산수 무늬 전돌

자경전 도깨비 무늬 전돌

백제 전돌

석장사지 탑상 무늬 전돌

신라 용무늬 전돌

신라 사슴 무늬 전돌

누각 무늬 전돌

경복궁 아미산 굴뚝

덕수궁 전돌 무늬

기와

신라 얼굴 무늬 수막새

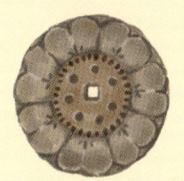
고구려 수막새

귀면 기와

안학궁지 기와

안압지 사자문 기와

귀면문 암막새

부여 왕흥사지 치미

두꺼비문 반원 막새

고구려 귀면 기와

막새기와

고려 용무늬 기와

조선 수막새

경복궁 잡상

무령왕릉 전돌

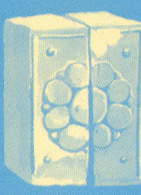

무령왕릉에서 발굴된 벽돌로, "중국 건업(建業) 사람이 만들었다."라는 글자가 새겨져 있어요. 건업은 5~6세기 중국 남조의 도성으로, 백제가 중국 남조와 활발히 교류했다는 것을 보여 줍니다.

낙랑 기하학무늬 전돌

전돌

갑산사지 전불

전돌은 흔히 벽돌이라 부르며, 무덤 등의 건축물을 축조할 때 주로 사용되었습니다. 가마터에서 흙을 높은 온도로 구워 만들어 내구성이 튼튼하며 불에 타지 않아 널리 활용되었어요. 또한 여러 개의 전돌을 이어 붙여 곡선을 표현할 수 있었기에 우리나라 건축물에서 빈번하게 관찰됩니다.

자경전 도깨비 무늬 전돌

부여 외리 산수 무늬 전돌
부여의 절터에서 출토된 벽돌이에요. 구름과 봉황, 산과 강 등이 좌우 대칭으로 그려져 있어요. 백제 미술과 건축의 우수함이 드러나는 걸작입니다.

경복궁 아미산 굴뚝
경복궁 내 왕비의 생활 공간인 교태전의 온돌방 밑을 통과해 연기를 내보내는 굴뚝 건물입니다. 임진왜란 때 불탔던 경복궁을 고종 때 중건하면서 새로 지었습니다. 주변의 풀과 꽃들과 어우러져 더욱 아름답게 보입니다.

석장사지 탑상 무늬 전돌

누각 무늬 전돌

신라 용무늬 전돌

신라 사슴 무늬 전돌

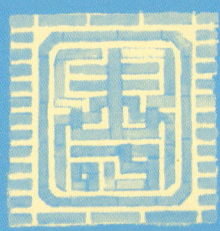

덕수궁 전돌 무늬

기와

얼굴 무늬가 새겨져 있어 '신라의 미소'라고도 불립니다. 수막새는 지붕을 덮고 있는 기와의 끝부분을 마감하는 둥그런 모양의 기와입니다.

신라 얼굴 무늬 수막새

기와는 건축물 맨 꼭대기에 올려 지붕을 덮는 데 쓰인 재료입니다. 평기와와 둥근 기와를 연이어 붙인 뒤, 처마 끝에 도달하면 막새나 와당을 사용해 마무리했어요. 귀족적이고 세련된 문화가 유행하던 때에는 크고 세심한 조각이 새겨진 기와가, 깔끔하고 단아한 문화가 유행한 시대에는 단순한 형태의 기와가 건물에 사용되었습니다.

평양 안학궁 터에서 출토되었어요. 안학궁은 과거에는 고구려의 왕궁으로 여겨졌으나, 현재는 고려 초기에 축조됐다는 설이 유력합니다.

안학궁지 기와

안압지 사자문 기와

두꺼비문 반원 막새

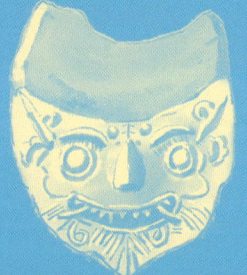
귀면문 암막새

577년 창건된 왕흥사 절터에서 출토되었어요. 치미란 기와지붕 위에 길게 덧붙여 올린 기와로, 건물의 위엄을 높이며 귀신을 쫓는 역할을 했습니다.

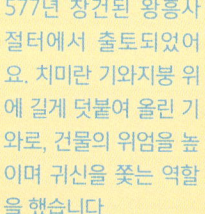
부여 왕흥사지 치미

고구려 귀면 기와

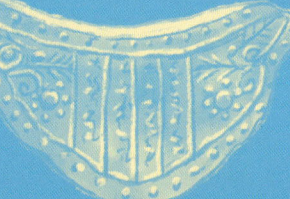
막새기와

조선 수막새

고려 용무늬 기와

경복궁 잡상

잡상(雜像)이란 기와 장식 중 하나로, 기와로 만든 지붕 끝부분에 놓입니다. 한양 도성의 대문이나 궁궐에서 주로 찾아볼 수 있어요. 경복궁에는 《서유기》의 등장인물인 손오공과 삼장 법사 일행의 잡상이 놓여 있습니다.

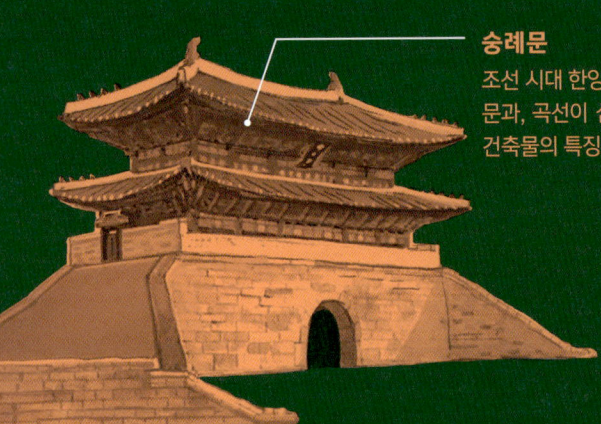

숭례문
조선 시대 한양 도성의 남문(南門)이며, 국보 1호입니다. 무지개 모양의 반원형 문과, 곡선이 심하지 않은 다포 양식으로 기둥 부분을 장식했어요. 조선 전기 건축물의 특징이 두드러지는 걸작입니다.

경복궁 근정전
경복궁의 중심 건물로, 신하들이 임금에게 문안 인사를 올리고 외국 사신을 맞이해 행사를 치르던 곳입니다. 근정(勤政)은 부지런하면 모든 일을 잘 다스릴 수 있다는 뜻이에요.

건축 建築

우리 조상들은 석재와 목재 등 다양한 건축 자재와 더불어 기와, 수막새 등의 장식으로 다양한 건물을 건축했습니다. 모든 건물은 단순한 기와집이 아닌, 그 이름과 용도에 따라 서로 다른 아름다움을 담고 있습니다.

종묘 정전
조선의 왕들의 신위(神位)를 모신 곳이에요. 처음에는 이성계와 위로 4대손까지의 신위를 모셨으나, 이후에는 조선 왕들 중 공덕이 뛰어난 왕과 왕비의 신위를 모시며 제사를 지냈다고 해요. 가로 19칸의 기다란 구조로, 우리나라 단일 건축물 중 가장 긴 건물이에요.

무첨당
유네스코 세계 문화유산으로 지정된 경주 양동마을에 있는 조선의 성리학자 이언적의 생가 건물입니다. 조선 시대 상류층 별당(別堂)의 특징이 잘 나타나는 건축물입니다.

수원 화성 서북공심돈
수원 화성의 화서문 옆에 위치하고 있으며, 성벽에서 툭 튀어나와 성을 지키는 보루 역할을 합니다.

독락당
조선 중기 문신 이언적의 제사를 모시는 경주 옥산 서원의 사랑채입니다.

경회루
경복궁 안의 연못에 세워진 누각(樓閣)이에요. 나라에 경사가 있거나 외국 사신들이 방문했을 때 연회를 베풀던 장소라고 해요. 임진왜란 때 불에 탔으나 흥선 대원군이 재건했어요.

흥인지문
조선 시대 한양 도성의 동문이며, 보물 1호입니다. '동대문'이라고도 부릅니다.

낙선재

창덕궁 후원
창덕궁에 위치한 우리나라 최대 규모의 궁중 정원이에요. 임금이 궁궐에 머무는 중 산책을 즐길 수 있도록 지었습니다. 1997년 창덕궁과 더불어 유네스코 세계 문화유산으로 지정되었습니다.

임영관 삼문
고려 시대에 지은 강릉의 객사 정문입니다. 객사란 고을마다 두었던 지방 관아로, 제사를 지내거나 관리들이 머무는 곳이랍니다.

덕수궁 중명전
덕수궁의 도서관으로, 1897년에 지어졌어요. 1905년 을사늑약이 강제로 체결된 장소로 쓰이기도 했습니다.

방화수류정
조선 정조 때에 세워진 수원 화성의 동북쪽 정자입니다. 주변 경관과 어우러지는 정자인 동시에 적을 감시하고 침입을 막는 누각의 기능도 합니다.

천문이란 별이나 행성, 은하 등의 천체를 관측하는 것으로, 우주와 하늘에 대한 인간의 관심에서 비롯되었습니다. 해, 달, 별들의 위치를 정확히 파악하면 달력을 제작할 수 있지요. 또한 별자리, 일식, 월식과 같은 것들을 통해 왕이나 국가의 미래를 예언하기도 했어요.

천문 天文

혼개통헌의
동양의 세계관과 중국을 통해 전래된 서양의 시계를 혼합해 만든 천문 도구입니다. 남회귀선, 적도, 북회귀선 등이 새겨져 그 우수한 과학성을 인정받고 있습니다.

혼천의 및 혼천시계
혼천의는 1669년에 만들어진 천문 시계입니다. 시간 측정과 천문학 수업에 쓰였다고 해요. 조선 시대에 만든 천문 시계 중 유일하게 남아 있는 것이에요. 물레바퀴의 원리로 제작된 시계 장치와 서양식 시계인 자명종의 원리가 조화를 이루고 있습니다.

간평일구
해시계 앙부일구를 돌에 새긴 거예요. 세로선은 시간을, 가로선은 계절을 나타냅니다.

지구의

강수량을 측정하는 기구입니다.

비가 왔을 때 물이 불어나는 정도를 측정하는 기구예요.

측우대

수표

자격루
세종 대왕 때의 과학자 장영실에 의해 발명된, 자동으로 시간을 알려 주는 물시계입니다. 조선 시대에 실제로 시간을 알리는 용도로 사용되었어요. 일정한 속도로 물통에 물이 차서 일정한 눈금에 막대가 닿을 때 쇠구슬을 굴려 시간을 알렸습니다.

앙부일구
세종 대왕 때 제작된 해시계로, 해의 위치에 따라 막대가 나타내는 그림자를 보고 절기와 시간을 알 수 있습니다.

천상열차분야지도

양산 통도사 금동천문도
북극을 중심으로 적도 부근에 이르는 별자리가 표시되어 있어요.

혼천의
조선 시대의 별자리 관측 기구입니다. 지평환(地平環)은 지평선의 선이고, 자오환(子午環)은 지평선과 수직으로 만나는 선, 적도환(赤道環)은 지구의 적도와 일치하는 선이에요. 3개의 고리가 교차하는 지점의 맞닿는 구멍을 통해 천체를 관측했어요.

풍기대
조선 시대에 바람의 세기나 방향을 측정하고자 사용했습니다.

첨성대
천체의 움직임을 관측하던 신라의 천문 관측대입니다. 받침대 역할을 하는 기단부 위에 원통 모양의 관측대가 위치해 있으며, 위는 정사각형 형태로 뚫려 있어요. 원통의 내부에는 사다리를 두어 사람이 올라가 별자리를 관찰할 수 있게 했습니다. 삼국 시대에 우리의 조상은 하늘의 움직임에 따라 농사의 시기를 결정하고 국가의 미래를 예언했다고 해요.

창경궁 관천대
조선 시대 천체 관측대입니다. 천문에 관한 일을 맡고 있는 관청인 관상감에 두었으며, 왕도 직접 관찰할 수 있도록 창경궁 안에도 관천대를 설치했어요. 관천대의 돌계단을 걸어 올라가 하늘을 올려다봤다고 해요.

찾아보기

청자 靑磁 ─────── 8

청자 동화연화문 표주박모양 주전자 고려 시대, 13세기 중반: 표주박 모양 몸통에 표면이 연꽃잎으로 둘러싸여 있는 형태이다. 목 부분에는 연꽃 봉오리를 두 손으로 받쳐 안고 있는 동자를 조각해 넣었다. 몸통에 붉은색 무늬가 곁들여져 있는데, 이처럼 대담한 붉은색 장식은 다른 고려청자에서 찾아보기 어렵다. 고려가 강화도에서 몽골에 항쟁하던 13세기 초의 작품으로 추정한다.

청자 모란무늬 항아리 고려 시대, 12세기 후반: 항아리 앞뒤로 모란꽃이 한 줄기씩 장식되어 있다. 꽃과 잎이 큼직하게 그려져 흑백이 대비되며, 시원한 느낌이 강하다.

청자 상감모란국화무늬 참외모양 병 고려 시대, 12세기: 모란과 국화를 무늬로 새긴 참외 모양 고려청자 병이다. 몸통 부분은 8개의 면으로 이루어졌으며, 따스한 색감의 유약을 활용했다.

청자 상감모란문 표주박모양 주전자 고려 시대, 12세기: 물을 따르는 부리와 손잡이가 매우 우아한 곡선 형태이다. 높이 34.4cm에 목 부분에 학과 구름을 상감으로 새겨 넣었다.

청자 상감연지원앙문 정병 고려 시대, 12세기 후반: 고려 시대의 청자 병으로, 높이는 37cm이다. 불교에서 악한 기운을 씻어 버리는 의식에 활용되었다. 고려 시대 청자 가운데 가장 뛰어난 걸작으로, 비취색 유약에 상감으로 버드나무, 갈대, 연꽃, 모란꽃, 원앙새 무늬를 배치해 새겼다. 내용물을 따르는 끝부분의 부리는 8각으로 정교하게 조각했다. 고려 시대 청자 문화의 세련된 양식을 잘 보여 준다.

청자 상감오리모양 주전자 고려 시대, 13세기: 내용물을 따르는 부리 부분을 오리 모양으로 조각한 고려 시대의 청자이다.

청자 상감용봉모란문 합 및 탁 고려 시대, 13세기: 뚜껑과 받침, 수저까지 완전히 발견되었다. 다람쥐, 연꽃, 물결 무늬에 봉황과 용을 새겼다.

청자 상감운학문 매병 고려 시대, 12세기 후반: 42.1cm 높이의 청자 상감 매병(梅甁)으로, 고려청자 가운데 가장 잘 알려져 있는 우수하고 세련된 작품이다. 몸통에는 규칙적으로 원을 그려 하늘을 향해 날아가는 학과 구름무늬를 새겨 놓았다. 매병 아래의 굽 부분에는 연꽃무늬가 연이어 새겨져 있다. 매병 입구에서 어깨로 흐르는 부분의 곡선이 빼어나게 아름답다.

청자 상감화조문 도판 고려 시대, 12세기 후반~13세기 전반: 새와 나무 같은 중요한 부분을 흑색 상감으로 표현하고, 꼬리 등 사소한 부분을 철로 그려 내 명암이 선명하다. 흔히 않은 장식 기법으로 그 예술적 가치가 매우 높다.

청자 양각죽절문 병 고려 시대, 12세기: 목에서 몸통까지 대나무 마디를 곡선으로 새겨 넣었다. 곡선미가 드러나며, 몸통 아랫부분까지 이어지는 선이 풍만한 고려청자만의 특징을 잘 나타낸다.

청자 어룡모양 주전자 고려 시대, 12세기: 용의 머리에 물고기의 몸을 한 특이한 형태이다. 얼굴의 털이나 몸통의 지느러미를 매우 섬세하게 표현했다. 기이하면서도 각 부위를 모두 갖춘 완성된 형태의 상상의 동물이다. 고려 시대의 청자 중에서도 가장 기발한 형태의 청자로 알려져 있다.

청자 음각 '상약국'명 운룡문 합 고려 시대, 12세기 중반: 고려의 관아인 '상약국(尙藥局)'이라는 명칭을 뚜껑과 아래 그릇이 맞닿는 부분에 새긴 청자 그릇이다.

청자 음각연화문 팔각장 병 고려 시대, 12세기: 약간 불투명한 질감이 특징이다. 목 부분이 가늘고 늘씬하며, 몸통의 여덟 면에는 연꽃무늬가 아름답게 새겨져 있다.

청자 인물형 주전자 고려 시대, 13세기 전반: 머리에 관을 쓴 인물이 복숭아를 얹은 그릇을 들고 있는 형태이다. 복숭아 앞부분에 구멍이 뚫려 있어서 내용물을 따를 수 있다. 13세기 초에 제작된 고려청자로, 대구의 한 과수원에서 발견되었다.

청자 조각 구룡무늬 정병 고려 시대: 부처님의 탄생 설화 중 아홉 마리의 용이 물을 토해 내는 것을 청자로 조각한 것이다. 청자 병 전체에 걸쳐 섬세하고 우아한 용을 조각해 놓은 것이 특징이다. 현재 일본에 소장되어 있다.

청자 죽순모양 주전자 고려 시대, 12세기: 대나무의 땅속줄기에서 돋아나는 어린싹인 죽순 모양의 주전자이다. 죽순은 고려청자의 주된 소재 중 하나이다. 표면의 보존 상태가 최상급인 고려청자 중 하나로 꼽힌다.

청자 참외모양 병 고려 시대, 12세기: 고려청자의 전성기인 12세기 초반에 제작되었다. 여덟 개의 꽃잎이 입구 부분을 벌리고 있는 형태로, 곡선이 온화하고 단정한 참외 모양 병이다.

청자 철채퇴화삼엽문 매병 고려 시대, 12세기: 고려 시대의 매병으로, 청색 흙으로 빚었으나 철로 된 재료로 겉을 칠해 '철채' 청자라고 부른다. 철채에 흰 그림을 칠한 경우는 드물어서 일반 청자보다 그 가치가 매우 높다. 목이 짧고 각져 있는 것이 특징이다.

청자 철화양류문 통형 병 고려 시대, 12세기: 몸체가 길고 원통 모양인 특이한 형태의 고려청자이다. 1931년 일제 강점기에 조선 총독부가 일본인에게서 사들인 이후, 현재는 국립중앙박물관에 소장되어 있다.

청자 철화초충조문 매병 고려 시대, 12세기: 일반적인 고려청자와 달리, 커다란 검은색 무늬가 거칠게 새겨져 있다. 비교적 평평한 곡선과 두꺼운 질감의 무늬가 인상적인 청자이다. 큰 새 한 마리와 나비 한 쌍, 벌을 무늬로 새겨 놓았다.

청자 퇴화점문 나한좌상 고려 시대, 13세기 전반: 발견 당시 여섯 조각으로 나뉘어 있던 것을 복원했다. 오른쪽 무릎을 반쯤 일으켜 세워 바위에 앉아 있는 모습을 표현한 청자 나한(생사를 이미 초월해 배울 만한 법도가 없게 된 부처)상이다. 숙연히 아래를 내려다보는 시선을 담은 고려의 걸작이다.

분청사기 粉靑沙器 ─────── 12

분청사기 구름용무늬 항아리 조선 시대, 15세기 전반: 인화 기법으로 도장을 찍듯 반복해서 무늬를 새겼으며, 상감 기법으로 목의 둘레에 국화 무늬를 새겨 넣었다. 몸통 세 군데에 넝쿨무늬 띠를 둘러 크게 세 부분으로 나누고 있다. 15세기 전반 분청사기 항아리의 전형으로, 안정된 형태와 용 문양 표현이 뛰어나다.

분청사기 박지모란무늬 자라병 조선 시대, 15세기 후반: 모습이 자라를 닮은 둥글납작한 분청사기 병이다. 끈을 매어 몸에 지니고 다닐 수 있으며, 대담한 모란꽃 무늬가 신묘한 느낌을 준다.

분청사기 박지모란무늬 편병 조선 시대, 15세기: 몸통의 양쪽 면이 다소 납작한 알 형태이며, 짧은 목이 달린 병이다. 병의 양 옆면에 잎사귀를 추상화한 무늬와 기하학적 문양이 배치되어 있다.

분청사기 박지연꽃물고기무늬 병 조선 시대, 15세기 후반~16세기 전반: 몸통의 아래쪽이 풍만한 조선의 분청사기와는 달리 무게 중심이 위쪽에 있다. 연꽃과 연잎 사이를 헤엄치는 물고기 두 마리가 새겨져 있다.

분청사기 박지연화어문 편병 조선 시대, 15세기: 입구는 작고, 몸통은 좌우가 넓은 타원 형태이다. 회갈색 흙 위에 투명한 유약을 칠해 표면이 빛난다. 측면에 연꽃무늬를 새겨 아름답다. 백토 위에 무늬 외의 부분을 긁어내는 박지 기법을 활용해 흰색과 회갈색의 대비가 매우 돋보인다.

분청사기 박지철채화문 병 조선 시대, 15세기: 회색토 위에 백토로 무늬를 넣고, 그 밖의 배경을 긁어낸 뒤에 철채를 입혔다. 이렇듯 자유롭고 활달한 무늬는 조선 전기 분청사기의 특징이다.

분청사기 박지태극문 편병 조선 시대, 15세기: 몸통의 무게 중심이 아래쪽에 쏠려 있어 안정적인 느낌을 주며, 크게 새겨진 태극무늬가 특징이다.

분청사기 상감모란문 반합 조선 시대, 15세기: 회색 바탕흙에 모란꽃을 상감했으며, 풀꽃 무늬의 띠를 두른 그릇이다.

분청사기 상감물고기무늬 매병 조선 시대, 15세기: 조선 초기, 복잡한 문양 구성과 유약은 청자에서 분청사기로 넘어가는 과도기적 모습을 잘 보여 준다. 전체적인 분위기는 고려 말 상감 청자에 가깝지만, 무늬의 표현이나 도장을 찍어 무늬를 넣는 인화(印花) 기법의 비중이 높고 유약도 비교적 밝은 회청색으로 변모된 점이 두드러진다.

분청사기 상감연꽃새무늬 납작병 조선 시대, 15세기 중반: 병의 형태는 고려의 청자이나, 문양의 구성은 조선 전기 분청사기의 양식을 따른다. 연꽃, 학과 물고기가 큼직하게 상감되어 있다. 대담하고 활발한 문양이 특징이며, 병 바닥에도 국화 문양을 표현했다.

분청사기 상감연꽃버드나무물고기무늬 매병 조선 시대, 14세기 후반~15세기 전반: 바닥에 커다란 연잎이 이중으로 있고, 몸통에는 줄기가 길게 늘어진 버드나무 한 그루를 흑백 상감 기법으로 표현했다.

분청사기 상감연화당초문 병 조선 시대, 15세기 전반: 목 부분이 좁고, 몸통이 풍만해졌다가 아래 굽 부분이 다시 좁아진다. 넝쿨무늬와 연꽃무늬는 흰색 상감으로 선을 넣어 표현한 반면, 그 밖의 선들은 검은색 상감으로 처리해 무늬가 더욱 돋보인다.

분청사기 상감 '정통5년'명 어문 반형 묘지 조선 시대, 조선, 세종 22년 (1440년): 조선 전기의 무덤에서 발견되었다. 헤엄치는 물고기를 흰색 선으로 표현했다.

분청사기 상감파도어문 병 조선 시대, 15세기: 조선의 분청사기 중 가장 전형적인 것이다. 전면에 흰색 선으로 파도와 물고기 문양의 상감을 새겼으며, 인화 기법으로 국화를 배치했다.

분청사기 음각어문 편병 조선 시대, 15세기 후반: 조선 전기에 제작되었다. 앞뒤가 납작한 모양이며, 백토 위에 청색 유약을 칠한 뒤 물고기 두 마리를 그렸다.

분청사기 인화국화문 태항아리 조선 시대, 15세기: 왕실에서 태어난 아기의 탯줄을 태 항아리에 담아 산봉우리에 안치하는 풍속이 있었는데 그때 사용하던 그릇이다. 상감과 인화 기법을 모두 사용했으며, 산에 묻을 때 비석을 함께 건립해 그 가치가 크다.

분청사기 인화무늬 연적 조선 시대, 15세기: 벼루에 먹을 갈 때 쓰는 물을 담아 두는 그릇으로, 몸통에 반복되는 무늬를 새겼다.

분청사기 인화점문 장군 조선 시대, 16세기: 백토로 빚은 몸통 전체에 철채로 점무늬를 새겨 넣은 작은 크기의 분청사기이다. 조선 전기 분청사기에서 이러한 점무늬가 많이 관찰된다.

분청사기 철화넝쿨무늬 사발 조선 시대, 15세기: 백토(白土)로 빚은 그릇 위에 철채로 넝쿨무늬를 새겼다.

분청사기 철화넝쿨무늬 항아리 조선 시대, 15세기 후반: 백토 위에 철채로 넝쿨무늬를 그려 넣었다. 조선 시대에 충청남도 공주 계룡산 일대에서 주로 생산되었다.

분청사기 철화모란무늬 장군 조선 시대, 15세기: 분청사기 중에서 몸통의 좌우가 가장 넓다. 검은 철화 문양으로 모란잎을 그렸다. 표면에 광택이 은은하며 붓 자국이 그대로 드러나 있는 대담함이 특징이다.

분청사기 철화어문 항아리 조선 시대, 15세기 중반: 몸통에는 사실적으로 그린 물고기 두 마리와 연꽃을 인화, 상감, 철화의 수법으로 자유롭게 표현했다. 분청사기 가운데 가장 다양한 장식 수법을 보여 준다.

분청사기 철화여의두무늬 병 조선 시대, 15세기 후반~16세기 전반: 회갈색 흙에 갈색 무늬를 새겨 넣었다. 무늬를 새긴 자국이 대담하고 크게 남아, 전형적인 조선 전기의 분청사기 형태를 띤다.

분청 상감초화무늬 네귀항아리 조선 시대, 15세기 전반: 세종 대왕의 첫째 딸 정소 공주의 무덤에서 출토된 항아리이다. 풀꽃 무늬는 상감 기법을 사용했으나, 전체적인 형태는 백자에 가깝다. 고려의 상감 청자에서 인화 기법 분청사기로 그 형태가 변하는 과도기적 성격이 두드러진다.

백자 白磁 16

백자 끈무늬 병 조선 시대, 16세기: 조선 전기 백자 특유의 풍만한 몸통이 가장 큰 특징이다. 도자기 장인이 거침없이 그은 듯한 힘찬 선이 강한 인상을 남긴다.

백자 난초무늬 항아리 조선 시대, 18세기: 몸통의 네 부분에 꽃무늬를 새겼으며, 총 8개의 선으로 4개의 면을 구분한다.

백자 달항아리 조선 시대, 17세기 후반~18세기 중반: 달 항아리와 같은 거대한 규모의 항아리는 대부분 위와 아래를 따로 만든 후 붙인다. 몸통이 자연스러운 곡선을 그리면서 벌어지다가 가운데를 지난 다음 다시 입구와 비슷한 크기의 굽으로 이어진다. 무늬가 없어도 그 규모만으로 시원하고 당당한 풍채를 자랑한다.

백자 도마뱀모양 접시 조선 시대: 순백색으로 빚어낸 접시 바닥에 상감으로 청색 도마뱀을 조각했다.

백자 발 조선 시대: 백토 위에 청색 유약을 나량 발라 만든 것으로 추정하는 술잔이다.

백자 병 조선 시대, 15세기 후반: 아래로 무게 중심이 쏠려 있는 조선 후기의 전형적인 백자 형태이다.

백자 상감모란버드나무무늬 매병 고려 시대, 13세기 전반: 높이 29.2cm의 조선백자 매병이다. 어깨 부분이 약간 솟아 있다. 몸통은 참외 모양을 본떠 6등분으로 구성되었으며, 모란, 갈대, 버들, 물새, 연꽃을 흑갈색으로 상감했다.

백자 상감연꽃넝쿨무늬 대접 조선 시대, 15~16세기: 깔끔하고 부드러운 질감으로 고려청자의 특징과 동시에 순백색의 표면 처리로 조선백자의 특징이 모두 두드러진다.

백자 상감초화문 편병 조선 시대, 15세기 중반: 고려청자와는 달리, 청색 흙을 사용하지 않고 백토 위에 흑색 상감만을 입혀 풀과 꽃무늬를 새겼다. 대담하고 투박한 무늬가 드러나는 조선 전기의 전형적인 백자이다.

백자 양각대나무모양 병 조선 시대: 꺾이지 않고 곧게 자라 '충직함'을 상징하는 대나무 모양으로 백자를 조각했다.

백자 유리홍매화국화무늬 병 고려 시대, 중국 원대: 백자에 유약을 바르기 전, 붉은색 구리로 무늬를 새겨 넣었다. 붉은빛의 매화꽃과 국화꽃을 선으로 구분하여 그렸다.

백자 이성계 발원 사리기 고려 시대, 고려, 공양왕 3년(1391년): 고려 말 이성계가 1만 명의 승려들과 함께 발원해 봉안한 사리기로, 이성계가 직접 적은 명문이 새겨져 있다.

백자 주전자 고려 시대, 중국 송대: 부리 부분에 줄을 묶어 놓은 무늬를 꽃과 겹쳐 표현했다. 주전자의 몸통은 오이 형태이며, 회백색이다.

백자 주전자 조선 시대: 무늬 없이 깔끔한 질감이며, 과장된 부리 부분이 특징이다.

백자 청화괴수무늬 꽃모양 접시 조선 시대: 일부 손상된 부분이 있는 것으로 보아 실제 음식을 담는 접시로 쓰였을 것으로 추정한다. 정확히 알기 어려운 괴수와 꽃이 그려져 있다.

백자 청화구름용무늬 항아리 조선 시대, 18세기 후반~19세기 전반: 몸통 중앙에는 여의주를 물고 있는 용을, 그 위와 아래에는 구름을 그렸다. 용의 비늘, 수염과 지느러미의 표현이 생동감 넘친다. 청색과 백색이 혼합되어 독특한 빛깔을 띤다.

백자 청화대나무무늬 각병 조선 시대, 19세기: 백자를 빚어낸 다음, 몸통을 8각으로 깎은 병이다. 대나무 여러 그루를 간결한 붓질로 묘사했다. 조선 중기 이후 백자의 특징이 드러난다.

백자 청화동화장생무늬 병 조선 시대, 19세기: 목 부분이 길고 몸통이 풍만하게 벌어진 형태로, 이는 조선 후기에 해당하는 19세기의 백자 양식이다. 대나무, 사슴, 거북 등 장생(長生)을 뜻하는 여러 소재를 자연스럽게 배치했다.

백자 청화매화대나무무늬 유개 항아리 조선 시대, 15세기: 뚜껑에는 연꽃 봉오리를, 백자의 어깨와 몸통 아래에는 연꽃무늬 띠를 둘렀다. 주된 문양은 매화나무와 대나무를 조합했으며, 무늬를 얇게 새겨서 여백이 큰 것이 특징이다.

백자 청화매화대나무새무늬 항아리 조선 시대, 15세기 후반: 손잡이에는 연꽃의 봉오리 모양을, 몸통에는 덩굴과 매화, 들국화, 대나무 위에 앉아 있는 차분한 한 쌍의 새를 새겼다.

백자 청화봉황무늬 항아리 조선 시대, 18~19세기: 조선 후기에 유행한 민화풍으로 봉황 무늬를 그렸다. 청화 안료로는 바탕을, 구리로는 새의 날개와 벼슬 부분을 붉게 묘사했다.

백자 청화소나무대나무인물무늬 항아리 조선 시대, 16세기: 소나무와 대나무가 그려져 있고, 거문고를 든 동자와 한 선비가 대나무 아래를 거닐고 있다. 16세기 후반에 제작된 백자로 추정한다.

백자 청화철채동채 풀벌레무늬 병 조선 시대, 18세기 후반: 가늘고 긴 목과 그 아랫부분이 선으로 강하게 구분된다. 저마다 다른 색으로 그린 난초, 국화, 벌, 나비가 아름답다.

백자 청화풀꽃무늬 조롱박모양 병 조선 시대, 19세기: 둥근 항아리를 깎아 8개의 면을 만들고, 난초와 패랭이꽃을 담백하게 그렸다.

백자 철화매화대나무무늬 항아리 조선 시대, 16세기: 가늘고 곧게 뻗어 있는 대나무의 잎은 선비의 강한 절개와 기운을, 세련되고 우아하게 휘어 있는 매화는 반대로 서정적인 분위기를 연출한다. 조선 전기의 대표적인 철화 무늬 백자로, 왕실의 도자기를 제작하는 장인이 만들었다.

백자 철화포도무늬 항아리 조선 시대, 18세기: 주로 청색 안료로 그림을 그린 조선 시대 백자와 달리, 흑색 철화 안료를 사용해 그림을 그렸다. 포도 덩굴을 매우 사실적으로 표현했다.

백자 철화포도원숭이무늬 항아리 조선 시대, 18세기 전반: 조선 후기의 백자로, 높이는 30.8cm이며, 어깨 부분이 불룩하고 아래로 갈수록 서서히 좁아지는 모양이다. 커다란 몸통에는 능숙한 솜씨로 포도 덩굴을 그려 넣었다. 흰색 배경에 검은색 안료로 포도 덩굴의 잎과 줄기를 표현해 생생함이 느껴진다. 몸통 전면에 백색과 청색이 혼합되어 은은한 빛을 뽐낸다.

백자 태항아리 조선 시대, 15세기 후반~16세기: 조선 선조의 열두 번째 아들 인흥군의 태를 담아 처리한 순백색의 태 항아리이다.

백자 향로 고려 시대: 푸르스름한 빛을 띠는 백자로, 제사 때 향로 옆에 놓는 그릇이다.

'제' 자가 쓰인 백자 청화 제기 접시 조선 시대, 18세기: 바닥 한가운데에 '제(祭)'라는 글자가 적힌 제사용 백자 그릇이다.

진양군 영인정씨묘 출토 유물 조선 시대, 조선, 세조 12년(1466년): 조선 전기의 백자 잔으로, 톱니바퀴 모양 손잡이가 두드러진다.

'태일전'이 새겨진 백자 상감풀꽃무늬 잔과 잔받침 조선 시대, 15세기 중반: 황색과 백색이 섞인 바탕에 흑색 상감으로 조각했다. 백자와 분청사기의 특징이 모두 드러난다.

토기 土器 20

거북장식 원통형 그릇받침 및 목짧은 항아리 삼국 시대, 가야, 5세기: 1980년에 새롭게 부산 복천동 11호 고분에서 출토된 도기이다. 삼국 시대 토우 중 거북 장식이 달린 유일한 사례이며, 발견 당시 보존 상태 또한 뛰어났다.

굽다리 뿔손잡이 항아리 삼국 시대, 가야: 대가야의 토기로, 경상북도 고령군 반운리에서 출토되었다. 위로 뾰족하게 솟은 손잡이가 특징이다.

녹유 토기 남북국 시대, 통일 신라: 토기 겉면에 초록색을 내기 위해 약을 칠했다. 통일 신라 시대에 주로 제작되었다.

도기 기마인물형 명기 삼국 시대, 신라, 5세기: 경주 금령총에서 출토된 토기로, 말을 타고 있는 사람의 모습이다. 죽은 자의 영혼을 저승으로 인도하는 주술적인 목적으로 묻었다. 화려한 모자와 갑옷, 말의 장식 등으로 신라 상류층의 복식과 사후 세계관에 대해 알 수 있다.

도기 기마인물형 뿔잔 삼국 시대, 신라, 5세기: 말과 말을 타고 있는 사람의 형태이다. 받침이 가야의 접시와 같은 양식이기에 가야의 뿔잔으로 추정한다. 말 몸에 두른 갑옷이 매우 두껍고 사실적이며, 무기를 잡은 무사 등이 생생하게 조각되어 있다.

도기 바퀴장식 뿔잔 삼국 시대, 가야: 몸통에 수레바퀴 형태의 바퀴 장식이 달려 있다. 바탕흙 겉면이 쇠가 녹슨 듯한 전형적인 가야 토기의 형태이다.

도기 배모양 명기 삼국 시대, 가야, 5~6세기: 선박, 즉 배 모양을 본떠 만든 토기이다. 좌우 대칭으로, 양쪽에 노를 저을 수 있게 만든 구멍이 조그맣게 뚫려 있다.

도기 서수형 명기 삼국 시대, 신라, 5~6세기: 경주 미추왕릉에서 출토되었으며, 머리와 꼬리는 용, 몸은 거북의 신비한 형태를 하고 있다. 받침에는 다양한 동식물 모양이 조각되어 있다.

문관 토용 남북국 시대, 통일 신라: 네 가닥의 끈이 달린 모자를 쓰고, 당시 신라의 관리들만 입을 수 있었던 옷을 입고 있는 것이 특징이다.

빗살무늬 토기 신석기 시대: 선사 시대 중 신석기 시대에 수확한 곡식을 저장하고 조리하는 용도로 쓰인 대표적인 토기이다.

사슴모양 뿔잔 삼국 시대, 가야, 6세기: 경상남도 함안에서 출토되었다. 각 부분을 따로따로 이어 붙였으며, 물과 술을 따라 마시는 용도였다.

사슴뿔모양 잔 삼국 시대, 가야: 음료를 마시는 용도로 사용된 사슴 모양 뿔잔은 가야의 영역인 경상남도 일대에서 자주 출토된다.

소 장식 뿔잔 삼국 시대, 4세기 말: 뿔을 등에 지고 있는 동물은 소로 추정되며, 4세기 말에 제작된 가야의 토기로 여겨진다.

신발모양 토기 삼국 시대, 가야, 5~6세기: 짚신, 또는 가죽신의 모양을 본떠 만든 토기이다. 그릇 받침 위에 짚신 형태의 테가 있고, 그 안에 톱니무늬가 새겨진 잔이 있다.

얼굴모양 토기 삼국 시대, 신라, 5~6세기: 몸통 3면에 모두 사람 얼굴 모양의 구멍이 뚫려 있다. 5~6세기 무렵 제작된 것으로 추정한다.

오리모양 토기 삼국 시대, 신라: 닭보다도 큰 깃이 과장된 오리 모양의 토기에는 땅과 하늘을 자유롭게 날 수 있는 새가 이승과 저승을 이어 준다는 가야인들의 믿음이 녹아 있다.

오리모양 토기 삼국 시대, 신라: 모양이 같은 한 쌍의 토기로 출토되었다. 독특한 부리와 눈과 콧구멍까지 생생하게 묘사되어 있다.

여인 토용 남북국 시대, 통일 신라: '신라의 여인'으로 잘 알려져 있는 토기이다. 수줍은 미소와 오똑한 코, 치마의 주름 등이 섬세하다.

원통형 그릇받침 삼국 시대: 고대인들이 의례 생활에 사용한 것으로 여겨지는 원통형 그릇받침은 주로 백제, 신라, 가야의 왕릉급 무덤에서 출토된다.

짧은목 항아리 삼국 시대, 낙랑: 삼국 시대에 주로 사용된 토기이다. 규모가 큰 짧은목 항아리는 최대 100리터의 내용물을 저장할 수 있다.

주전자모양 토기 삼국 시대, 가야, 5세기 후반: 경상남도 창녕에서 출토된 가야의 토기로, 이전에는 없던 주전자 모양의 독창적인 유물이다.

집모양 토기 삼국 시대, 가야, 5세기: 경상남도 함안에서 출토된 아라가야의 토기이다. 지붕을 올린 고상 가옥 모양이다.

함안 말이산 굽다리등잔 / 등잔모양 토기 삼국 시대, 가야: 여러 개의 받침 위에 각각 등잔을 놓아 실내에 불을 밝히는 용도로 쓰였다. 모두 함안 말이산 고분군에서 출토되었으며, 가야의 독창적인 토기 문화를 보여 준다.

호자 삼국 시대, 백제: 6세기 이후 백제의 토기로, 입구가 넓적하고 손잡이가 있어 방에 두고 오줌을 누는 요강으로 쓰였을 것으로 추정한다. 토기의 모양이 호랑이를 닮았다 하여 '호자(虎子)'라는 이름이 붙었다.

화로모양 토기 삼국 시대, 4세기: 금관가야 고위층의 무덤으로 알려진 김해 대성동 고분군에서 출토되었다. 목 부분이 다소 훼손되었지만 직선과 곡선을 적절히 배합한 몸통 부분의 무늬는 잘 보존되어 있다.

토우장식 장경호 삼국 시대, 신라: 토우(土偶)란 흙으로 만든 인형을 뜻하며, 흔히 동물의 형태를 보고 만들었다. 장난감이나 애완용으로 주로 만들었지만, 죽은 사람의 무덤에 함께 묻는 주술적 의미도 있었다. 높이 34cm의 이 토우장식 장경호는 경주 계림로 30호 무덤에서 출토되었다. 옆면에 개구리, 새, 거북, 사람, 토끼, 뱀 등이 장식되어 있으며, 마지막으로 배가 많이 불룩한 임신부가 가야금을 연주하는 형태로 완성된다. 이는 풍요로운 농사와 다산(多産)을 기원하는 선사 시대의 주술적 의미로 해석된다.

토제 방울 삼국 시대, 가야, 5세기: 경상북도 고령에서 발견되었으며, 가야의 건국 설화인 〈구지가〉의 내용이 그려져 있다.

연적 硯滴 24

동물모양 연적 고대, 낙랑: 한반도의 고대 군현 낙랑에서 사용한 연적이다. 청자와 백자 기술이 발달하기 이전, 다양한 금속으로 주조한 것으로 추정한다.

백자 고리모양 연적 조선 시대: 반지의 고리 모양으로, 가운데 뚫려 있다. 원형으로 제작한 다음, 가운데 부분을 파내 없애는 방식으로 제작한 것이다.

백자 동화개구리모양 연적 조선 시대: 개구리의 특징을 잘 표현한 연적으로, 붉은색 안료로 등 부분에 점을 그려 넣었다.

백자 동화대나무모양 연적 조선 시대: 우리나라의 전통 악기 생황을 본떠 만든 연적이다. 17개의 가느다란 대나무 막대가 통을 둥글게 감싼다. 생활을 사실적으로 묘사했으며, 몸통 부분에는 생황의 작은 공기구멍까지 세세하게 조각했다.

백자 무릎모양 연적 조선 시대: 아무런 장식 없이 순수한 백색과 둥그런 모양 때문에 사람의 무릎 부위를 떠오르게 하는 연적이다.

백자 양각동채쌍학무늬 연적 조선 시대: 윗면의 학 무늬와 바닥 부분을 제외하고 붉은색 구리 안료를 칠한 보기 드문 도자기이다.

백자 연적 조선 시대: 납작한 복숭아 모양에 회백색을 띠는 조선 시대 연적이다.

백자 청화격자무늬 연적 조선 시대: 19세기 조선 후기에 제작된 것으로 추정한다. 새의 형상을 한 청색 무늬가 반복적으로 그려져 있다.

백자 청화동채두꺼비모양 연적 조선 시대: 두꺼비를 사실적으로 묘사했으며, 몸의 절반을 붉은 구리로 칠해 마치 살아 있는 듯한 느낌을 준다.

백자 청화복숭아모양 연적 조선 시대: 단단하게 잘 익은 복숭아 모양 연적이다. 줄기와 잎새까지 섬세하게 표현되어 있으며, 자줏빛과 청색의 장식이 인상적이다.

백자 청화산모양 연적 조선 시대: 산봉우리가 겹치며 계곡을 이루고, 그 사이사이 절과 탑 등의 건축물이 자리하고 있다. 조선 후기에 유행하던 산 모양 연적의 전형적인 유물이다. 이 연적의 산은 현재의 금강산을 조각한 것으로 추정한다.

백자 청화산수무늬 연적 조선 시대: 중국의 소수(瀟水)와 상수(湘水)가 합쳐지는 부분의 8가지 아름다운 경치를 말하는 '소상팔경'을 8개의 각 면에 세심하게 조각한 조선 시대의 연적이다.

백자 청화수탉모양 연적 조선 시대: 주둥이를 모으고 하늘을 우러러보는 수탉 모양의 연적이다. 한 손에 잡힐 정도로 아담하게 제작한 조선 시대의 유물이다.

백자 청화집모양 연적 조선 시대, 19세기: 처마의 한쪽 귀퉁이와 지붕의 용마루에 구멍이 하나씩 뚫려 있다. 지붕의 기와는 빛나는 청색 안료로 칠했다.

백자 청화철 '시'명나비무늬 팔각연적 조선 시대: 팔각기둥 모양의 연적이고, 각 면에 서로 다른 색깔로 시구를 적어 놓은 것이 특징이다.

백자 청화태극별자리무늬모양 연적 조선 시대, 19세기: 연잎이 그려진 몸통 윗부분에 물을 따르는 구멍이 뚫려 있다. 청색 안료로 투박하지만 여백이 남도록 무늬를 장식했다.

백자 청화파초무늬부채모양 연적 조선 시대: 몸통의 한가운데와 왼쪽 끝에 자그마한 구멍이 있다. 백토로 조각한 바탕 위에 새파란 청화 안료를 가득 칠했다.

백자 청채해태모양 연적 조선 시대, 19세기: 악인을 보면 날카로운 뿔로 받아 버린다고 전해지는 상상 속의 동물 해태를 본떠 만들었다. 조선 시대에 제작된 것으로 추정한다.

참외모양 연적 고려 시대: 고려 시대에 주로 제작된 청자연적과는 달리, 흙으로만 빚어서 흑갈색 빛을 띠는 참외 모양의 연적이다.

청자 기린모양 연적 고려 시대: 고려 시대의 유물로, 우리 조상들의 상상 속 동물이자 용을 닮은 기린의 형상을 표현한 연적이다. 기린의 입 부분으로 물을 따라 낸다. 기린의 입은 가느다란 연잎 줄기를 물어 늘어뜨리고 있고, 등은 석류의 잎과 줄기로 장식했다.

청자 모자원숭이모양 연적 고려 시대: 어미 원숭이의 머리 정수리에는 물을 넣는 1cm 크기의 구멍이, 새끼 원숭이의 머리 정수리에는 물을 따라 내는 0.3cm 크기의 구멍이 있다. 발가락 사이사이를 깊이 파서 사실적으로 묘사했으며, 눈과 코 등의 이목구비는 검은색 안료로 세심하게 표현했다. 동물의 모자(母子)가 함께 조각된 자기이자 연적은 매우 드물다.

청자 석류모양 연적 고려 시대: 커다란 공 모양의 석류를 끌어안고 있는 원숭이를 우스꽝스럽게 표현했다. 원숭이의 벌어진 입에 물을 따르는 구멍이 뚫려 있다.

청자 오리모양 연적 고려 시대: 오리 모양으로 만든 고려 시대의 청자연적이다. 오리의 등 위에 연꽃과 그 봉오리를 붙여 놓았다. 오리의 깃털까지 매우 사실적으로 표현했다.

청자 연꽃모양 연적 고려 시대, 12세기: 주전자 형태의 연적이며, 중국 원나라 양식에 영향을 받은 것으로 추정한다. 가느다란 선으로 몸통 부분에 연꽃 무늬를 가득 장식했다. 또한 위와 아래를 이어 붙인 것으로 보인다.

청자 조각동녀형 연적 고려 시대: 고려 시대의 청자연적이 대부분 동물을 본떠 만든 것이었으나, 동자와 동녀라는 인물을 본뜬 연적이 함께 출토된 사례는 매우 드물다. 동녀는 병을 안고 있으며, 연꽃 봉오리가 달린 모자를 쓰고 있다. 안고 있는 병의 꼭지와 모자의 가운데 부분에 구멍이 뚫려 있다. 현재는 일본 오사카의 시립동양도자미술관에 소재 중이다.

청자 표주박모양 주전자 고려 시대: 녹색과 갈색이 섞인 흙으로 제작한 뒤, 몸통에는 연꽃무늬를 큼지막하게 새겼다.

청화 백자 물고기모양 연적 조선 시대: 입 부분과 등지느러미에 구멍이 한 개씩 나 있는 연적이다. 잉어들이 센 물결을 거슬러 올라가는 데 성공하면 용이 된다는 설화를 토대로 성공을 상징하는 잉어를 연적으로 형상화했다.

향로 香爐 28

'대강삼년'이 새겨진 연꽃모양 청동향로 고려 시대, 고려, 문종 31년(1077년): 고려 초기에 제작된 향로로, 기다란 줄기가 연꽃 봉오리 모양의 향로를 받치고 있는 형태이다.

덕수궁 중화전 청동향로 대한 제국, 1905년: 덕수궁 중화전에서 발견된 향로로, 몸통 아랫부분에 물결과 파도가 새겨져 있다. 지난 2010년 용의 얼굴이 그려진 향로 뚜껑을 찾아 전체 형태가 복원되었다.

백자 청화음각꽃무늬 육각화로 조선 시대: 육각의 몸체에 손잡이가 달려 있다. 매화 무늬로 여겨지는 청화 채색이 유려하다.

백제금동대향로 삼국 시대, 백제: 충청남도 부여 능산리 고분군 절터에서 출토된 백제의 향로이다. 높이가 61.8cm, 무게가 11.8kg으로 커다란 규모를 자랑한다. 23개의 산을 겹겹이 배치해 하나의 연꽃을 연상하게 하며, 산과 산 사이에는 갖가지 악기를 연주하는 악공들과 용, 봉황, 호랑이 등 다양한 동물들이 섬세하고 사실적으로 조각되어 있다. 백제의 뛰어난 금속 세공 기술과 백제인들의 뛰어난 상상력이 결합된 최고의 걸작으로, 백제 시대를 대표하는 유물로 손색이 없다. 현재 국립부여박물관에 소장 중이다.

봉업사명 청동향로 고려 시대: 고려 시대 절터인 봉업사지에서 출토되었다. 균형 잡힌 몸체는 장중하고 아름다운 곡선이 특징이다. 덮개 부분에 도금의 흔적이 남아 있으며, 받침 부분의 명문을 통해 다량의 구리가 사용되었음을 알 수 있다.

용주사 청동향로 조선 시대, 18세기 말: 정조가 아버지 사도 세자의 명복을 빌기 위해 창건한 용주사에 하사한 청동 향로이다. 8각형 몸체에 산과 물, 나무를 새겨 넣었다.

익산 미륵사지 금동향로 남북국 시대, 통일 신라, 8세기: 보존 상태가 완벽하며, 당대에 만들어진 중국 향로를 바탕으로 여러 요소를 융합해 한국적으로 제작했다. 백제 금동 대향로와 같은 향로 세공 기술이 원숙해진 8세기 무렵에 제작한 것으로 추정한다.

짐승얼굴무늬 청동 화로 고려 시대: 몸체에 도깨비 얼굴을 새겨 만들었다. 양 측면에 고리가 하나씩 달려 있는데, 고리에 손잡이가 있었던 것으로 보이나 지금은 남아 있지 않다. 받침 밑에는 괴수의 얼굴이 조각되어 있다.

직지사 철제 은입사 향로 조선 시대, 18세기: 고려 시대에 유행하던 청동향로에 은 테두리를 씌운 형태이다. 몸통 구름무늬 안에 팔괘(八卦)를 새겨 넣었다.

청동 은입사 포류수금문 향완 고려 시대, 13세기: 청동으로 제작한 향로의 표면에 홈을 판 다음, 가느다란 은사로 무늬를 장식하는 은입사 기법을 활용했다. 몸체에는 버드나무 아래에서 물오리가 헤엄치는 풍경을 그렸다.

청동 은입인동문 향로 고려 시대, 14세기: 숭림사에 전해 오던 향로이다.

다리가 셋 달린 몸체에 사자 장식 뚜껑이 덮여 있다.

청자 구룡모양 뚜껑 향로 고려 시대, 12세기: 향로 몸체 위에 거북의 몸체에 용의 머리를 지닌 신령스러운 의미를 띤 구룡이 장식된 뚜껑이 있다.

청자 기린모양 뚜껑 향로 고려 시대, 12세기: 20cm 높이의 향로로, 상상 속의 동물인 기린이 꿇어앉아 있는 모양이 특징이다.

청자 박산모양 뚜껑 향로 고려 시대, 12세기: 청백색의 반구형 향로이다. 중국의 박산향로를 모방한 것으로, 고려 향로의 모태가 된다.

청자 사자모양 뚜껑 향로 고려 시대, 12세기: 향을 피우는 몸체와 사자 모양의 뚜껑으로 이루어져 있다. 용맹한 형태보다는 우스꽝스러운 사자의 모습이 특징이다.

청자 사자장식 뚜껑 향로 고려 시대, 12세기: 고려청자의 전성기인 12세기에 만들어진 청자 향로이다. 향을 피우는 몸체와 사자 모양의 뚜껑으로 구성되어 있다. 꽃무늬 위에 입을 벌린 채 무릎을 구부리고 있는 사자를 매우 용맹한 모습으로 표현했다. 두 눈에 점을 찍어 눈동자를 표현했으며, 엉덩이 부분에는 소용돌이 모양의 털을 조각했다.

청자 양각도철무늬우물모양 향로 고려 시대, 12세기: 12세기 무렵에 제작되었으며, 비색과 녹색이 섬세하게 어우러진 향로이다. 구부러진 목, 벌어진 굽다리 등은 금속 향로만의 특징을 보여 준다.

청자 양각도철문 방형 향로 고려 시대: 중국 주나라의 청동 솥을 모방해 만든 향로이다. 사다리꼴 모양으로 중요한 제사에 쓰였다.

청자 오리모양 뚜껑 향로 고려 시대, 12세기: 고려의 청자 향로로, 보존 상태가 매우 뛰어나다. 연잎의 세밀한 표현과 더불어 비색 표면이 아름답다.

청자 투각칠보무늬 향로 고려 시대, 12세기: 고려 전기에 제작된 청자 향로로, 뚜껑과 몸통으로 구성되어 있다. 몸통의 윗부분은 둥근 화로 형태로, 국화 잎에 싸여 있다. 반면 아랫부분은 토끼 세 마리가 윗부분을 업고 있는 형태이다. 옆면에는 덩굴무늬와 두 눈이 선명한 토끼가 새겨져 있다.

청주 사뇌사지 동제현로 고려 시대, 고려, 의종 22년(1168년): '현로(懸鑪)'란 어딘가에 걸어 두고 활용했던 향로이다. 통일 신라나 조선에서는 찾아볼 수 없는 고려만의 독자적인 향로 양식이다.

표충사 청동 은입사 향완 고려 시대, 고려, 명종 7년(1177년): 입구가 나팔처럼 벌어지고 받침은 넓은 원반 형태이다. 무늬를 새기고 그 틈에 은실을 박은 매우 세심한 은입사 기술이 두드러진다.

함양 하륜부조묘 소장 향로 조선 시대, 18세기: 다리가 넷 달린 용이 하늘로 올라가는 형상의 무늬가 덮개에 새겨져 있다.

벽화 壁畫　　　　　　　34

각저총 씨름도 삼국 시대, 고구려, 5세기: 중국 길림성 집안시에서 발견된 각저총 벽화로, 실내 생활, 씨름 등의 그림이 그려져 있다. '각저총'이라는 이름은 씨름에서 따왔으며, 고구려의 귀족들이 즐기던 취미이다.

강서대묘 백호도 삼국 시대, 고구려, 6세기 말~7세기 초: 서쪽을 수호하는 백호, 즉 흰 호랑이를 그린 벽화이다. 선명한 얼굴과 크게 벌린 입 등 호랑이의 기운이 진취적이다.

강서대묘 청룡도 삼국 시대, 고구려, 6세기 말~7세기 초: 도교의 사방신 중 동쪽을 수호하는 청룡, 즉 푸른 용을 그린 벽화이다. 대표적인 고구려 무덤인 강서대묘의 동쪽 벽에 그려져 있다. 푸른색, 녹색, 붉은색이 조화를 이루며, 하늘로 날아오르는 용의 기운을 느낄 수 있다.

강서대묘 현무도 삼국 시대, 고구려, 6세기 말~7세기 초: 도교의 사방신 중 북쪽을 수호하는 현무(玄武)를 그린 그림으로, 강서대묘 북쪽 벽에 그려져 있다. 현무는 거북과 뱀을 합친 상상 속의 동물이다. 거북의 단단한 신체와 대비되는 뱀의 탄력적인 곡선이 인상적인 벽화이다.

강서 약수리 고분 벽화 삼국 시대, 고구려, 연대 미상: 북한 남포에 있는 고구려 벽화로, 도교 신앙의 사신도와 더불어 해, 달, 별, 구름 등이 그려져 있다.

강서중묘 주작도 삼국 시대, 고구려, 6세기 말~7세기 초: 도교의 사방신 중 남쪽을 수호하는 강서중묘 주작(朱雀) 그림이다. 주작은 상상의 동물로, 봉황과 닮았다. 불타오르는 모양의 깃털, 힘찬 날개와 말려 올라간 꼬리로 남쪽을 지키는 화려한 주작의 모습을 보여 준다.

경주 천마총 장니천마도 삼국 시대, 신라, 5세기: 경상북도 경주 천마총에서 발견되었다. 나무껍질을 여러 겹 겹치고, 마지막으로 가죽을 대어 그렸다. 천마는 이승과 저승을 오가는 역할로, 신라를 상징하는 전설적인 동물이다.

고령 장기리 암각화 청동기 시대~철기 시대 초기: 경상북도 고령군 알터마을에 자리한 가로 6m, 세로 3m 크기의 바위그림이다. 청동기 시대의 그림으로 짐작되며, 사각형 모양의 암벽에 머리카락과 수염 등을 새겨 넣은 것으로 추정한다. 농사를 지을 때 하늘의 신에게 농사가 잘되기를 기원하며 그린 것으로 추정한다.

덕흥리 고분 수레도 삼국 시대, 고구려, 5세기 초: 덕흥리 고분의 통로 입구의 동쪽 벽에 그려진 그림이다. 소가 끄는 수레를 타고 출타하는 모습이다.

덕흥리 고분 견우직녀도 삼국 시대, 고구려, 5세기 초: 1976년 북한 평안남도 남포시 덕흥리 무덤 앞방(두 칸 무덤에서 앞에 있는 무덤 칸)에서 발견된 견우와 직녀 그림이다. 견우와 직녀는 서로 부부인데, 은하수를 사이에 두고 동쪽과 서쪽으로 헤어져 1년 중 7월 7일에 한 번만 까마귀 떼가 이어 주는 다리를 건너 만날 수 있다는 설화가 전한다. 내부에서 발견된 글을 통해 묻힌 사람을 직접 알 수 있어 그 역사적 가치가 높다. 벽화에는 수렵도, 행렬도 등과 함께 불교 행사와 천상 세계, 일상생활의 모습 등 다양한 그림이 함께 그려져 있다.

무용총 수렵도 삼국 시대, 고구려, 5세기: 중국 길림성 집안시에서 발견된 고구려 고분 무용총 서쪽 벽에 그려진 벽화로, 과거 고구려 수도였던 국내성 근처에 자리하고 있다. 역동적으로 사슴을 사냥하는 장면을 그림으로 담아냈다.

무용총 가무배송도 삼국 시대, 고구려, 5세기: 고구려의 무덤인 무용총의 북쪽 면에 그려진 벽화로, 14명의 남녀가 대열을 지어 노래에 맞춰 춤을 추고 있는 모습이다. '무용총'이라는 이름이 여기에서 유래했으며, 이 밖에도 손님을 맞이하는 접객도, 사신도, 수렵도 등이 함께 그려져 있다.

무위사 극락전 백의관음도 조선 시대, 1476년: 무위사 극락보전의 후불벽(법당의 불단 뒤쪽의 벽)에 그려진 뒷면 그림으로, 떠가는 듯 일렁이는 파도 위에 연잎을 타고 서 있는 관음보살을 표현했다. 신비로운 분위기의 관음보살과 사실적으로 표현한 파도가 어우러져 생동감과 긴장감이 느껴진다. 대표적인 벽화 연구 자료이다.

수산리 고분 벽화 삼국 시대, 고구려, 5세기 후반: 1971년 발견된 수산리 고분의 벽화로, 발굴 당시 대부분의 유물이 도굴된 상태였다. 좌우 벽에는 고구려 상류층의 나들이와 생활 모습 등이 세세히 표현되어 있어서 고구려인들의 생활 양식을 이해하는 데 크게 도움이 된다.

쌍영총 삼족오도 삼국 시대, 고구려, 연대 미상: 삼족오는 발이 세 개 달린 전설 속의 동물로, 고구려 무덤의 벽화에서 주로 사람들이 해야 할 일을 알려주는 동물로 등장한다.

약수리 고분 수렵도 삼국 시대, 고구려, 연대 미상: 고구려인이 말을 타고 사냥하는 모습을 그린 그림으로, 북한 평안남도 남포에서 발견된 약수리 고분의 주요 그림이다. 고구려는 농사를 짓기 어려운 척박한 지형으로, 수렵과 사냥을 중시했다는 것을 알 수 있다.

영주 부석사 조사당 벽화 고려 시대, 고려, 우왕 3년(1377년): 우리나라에 화엄종을 창건한 승려 의상을 모시는 부석사 조사당 안쪽 벽면의 그림이다. 일제 강점기에 해체되어 벽화는 별도로 보관 중이다. 훼손된 부분이 많고 여러 번 덧칠한 흔적이 있지만 고려 시대 벽화로서 그 가치가 매우 높다.

울주 대곡리 반구대 암각화 신석기 시대~청동기 시대: 가로 10m, 세로 4m 크기의 암벽에 여러 동물과 물고기 등을 새긴 바위그림이다. 호랑이, 멧돼지, 사슴과 같은 동물, 고래와 같은 물고기, 탈을 쓴 무당, 동물을 사냥하는 사람, 고래를 잡는 어부 등을 상세하게 묘사했다. 신석기 시대의 그림으로 추정되며, 사냥이 탈 없이 이뤄지고 나아가 사냥감이 많이 잡히길 기원하는 의미에서 그려졌다. 사냥 장면을 실감 나게 묘사하고 신석기 시대의 생활 모습을 알 수 있어 걸작품이자 가치가 높은 역사적 자료이다.

진파리 1호분 벽화 삼국 시대, 고구려, 연대 미상: 1941년 일본군들의 훈련 도중 발견되었으며, 바람의 기운 속에서 온 우주가 태어나고 나무를 비롯한 식물과 다양한 동물들이 생동감 있게 등장한다.

칠장사 오불회 괘불탱 조선 시대, 조선, 인조 6년(1628년): 가로 6.5m, 세로 4m의 단아하고 세련된 불교 벽화이다. 괘불(掛佛)이란 절에서 큰 행사를 치를 때 걸어 놓고 예배를 드리는 그림이다.

초상화 38

강민첨 초상 조선 시대, 조선, 정조 12년(1788년): 고려의 장군 강민첨의 초상이나, 조선 후기인 1788년에 원본을 그대로 옮겨 그린 것이다.

강현 초상 조선 시대, 조선, 경종 1년(1721년): 조선 중기에 예조 판서, 대제학 등을 지낸 강현의 초상이다. 노인 특유의 붉은 기운이 잘 표현되었고, 호랑이 가죽을 깔고 앉아 있다.

김시습 초상 조선 시대, 15세기: 15세기 중후반 조선의 문신 김시습의 초상이다. 일상복 차림의 야복 초상화(野服肖像畵)로서 역사적·예술적 가치가 매우 높다.

소운 초상 조선 시대, 19세기: 조선의 3대 화가로 불리는 장승업이 자신의 첫사랑을 그린 작품이다.

송시열 초상 조선 시대, 조선, 숙종 44년(1718년): 조선의 대표적인 성리학자 송시열의 초상으로, 과장되게 표현한 커다란 몸과 개성 있는 눈썹이 특징이다. 그림의 오른편에는 송시열이 45세의 나이에 남긴 문구가, 그림의 상단부에는 정조가 직접 초상화를 칭찬한 글귀가 적혀 있다.

신윤복 필 미인도 조선 시대, 19세기 초반: 조선 후기 대표적인 풍속화가 신윤복의 작품으로, 아름다운 여인을 섬세하고 유려한 기법으로 색감 있게 묘사했다.

안향 초상 고려 시대, 14세기: 고려 중기의 문신 안향을 그린 가로 29cm, 세로 37cm의 반신상(半身像)이다. 안향은 원나라와 활발히 교류하며 성리학을 고려에 보급한 이로 알려져 있다. 초상을 누가 그렸는지 정확히 알 수 없으나, 1318년 공자의 사당에 안향을 함께 모시면서 새로이 그린 초상화로 추정한다.

염제신 초상 고려 시대, 14세기 후반: 고려 후기 고위 관료였던 염제신의 초상으로, 머리에는 고려 말의 관모를 쓰고 있다. 공민왕이 직접 초상을 그렸다는 설이 있으나, 정확히 알려진 것은 없다.

윤급 초상 조선 시대, 조선, 영조 38년(1762년): 18세기 후반에 그려졌다고 추정하는 이 초상화는 당대 최고의 화가 변상벽이 그렸으며, 윤급이 세상을 떠난 뒤 그의 영정 사진으로 이용되었다.

윤두서 자화상 조선 시대, 조선, 숙종 36년(1710년): 조선 후기 윤두서가 자신의 모습을 직접 그린 자화상으로, 가로 20.5cm, 세로 38.5cm이다. 두툼한 입술과 덥수룩한 수염을 자세히 묘사한 것이 특징이다.

윤증 초상 조선 시대, 18세기: 1744년에 그려진 작품으로, 날카로운 인상을 풍기는 것이 특징이다. 초상과 함께《영당기적》이라는 초상 제작기가 전해진다.

이제현 초상 고려 시대, 14세기: 중국 원나라의 학자들과 활발히 교류한 고려 이제현의 초상으로, 그림 역시 당대 원나라 최고의 화가 진감여가 작업한 것으로 알려져 있다. 현재 우리나라에 남아 있는 고려 시대 초상화 2개 중 하나로, 우리나라 미술사에서 대단히 중요한 작품이다.

조선 태조 어진 조선 시대, 조선, 고종 9년(1872년): 조선을 건국한 태조 이성계의 초상화로, 왕의 초상화나 사진을 일컫는 '어진(御眞)'이라는 이름으로 불린다. 푸른 곤룡포와 화려한 용무늬 의자 등 조선 초기 어진에서 볼 수 있는 특징들이 관찰된다.

최익현 초상 구한말, 1905년: 19세기 말~20세기 초의 대표적인 구국 운동가로 활동한 최익현의 초상이다. 1905년 화가 채용신이 작업했다. 최익현은 74세의 나이로 의병을 일으켰으나 뜻을 이루지 못하고 대마도에서 순국했다. 채용신은 37세에 무과에 합격해 10여 년간 무관 생활을 했으며, 50세가 넘어 초상화가로서의 명성을 얻은 조선 후기의 화가이다.

황현 초상 일제 강점기, 1911년:《매천야록》의 저자이자 19세기 말에 문인으로 활발히 활동한 황현의 초상이다. 1909년 황현 생전에 촬영된 사진을 바탕으로, 그가 세상을 떠난 뒤인 1911년에 완성되었다.

흥선대원군 이하응 초상 조선 시대, 19세기 후반: 현재까지 전해 오는 흥선 대원군 이하응의 5개 초상 중 하나로, 옷차림이 매우 화려하며 실제 모습과 매우 유사하다.

그림 42

고사관수도 조선 시대, 15세기: 조선 초기 화가 강희안의 작품으로, 절벽을 배경으로 바위에 엎드려 경치를 즐기는 선비의 모습을 그렸다. 사람을 사실적으로 그려 내지는 않았지만, 활기 넘치고 간결한 그림으로 알려져 있다.

김득신 필 파적도 조선 시대, 18세기: 파적도란 '고요함이 깨진 그림'이라는 뜻으로, 고요하고 평화로운 와중에 갑자기 등장한 고양이를 잡는 긴박한 상황의 묘사가 역동적이다.

김시 필 동자견려도 조선 시대, 16세기: 나귀의 고삐를 잡아끄는 소년과 간신히 버티고 있는 나귀의 모습을 담아낸 조선 중기의 작품이다.

김정희 필 세한도 조선 시대, 조선, 헌종 10년(1844년): 유배 중이던 김정희가 추운 날씨에도 우뚝 서 있는 나무를 보고 그린 그림이다. 사람의 처지가 좋든 나쁘든 인격과 신념을 지켜야 한다는 의미로, 예술적 가치가 매우 높다.

김홍도 필 마상청앵도 조선 시대, 18세기 후반: 조선 후기 최고의 화가 김홍도가 자연과 함께 어울리는 인간의 모습을 표현한 작품이다. 자연스럽고 편안한 분위기의 그림으로, 예술적 가치가 매우 높다.

몽유도원도 조선 시대, 조선, 세종 29년(1447년): 세종 대왕의 셋째 아들 안평 대군이 꿈에서 본 도원의 모습을 화가 안견에게 말하고 이를 그리게 해서 탄생한 산수화이다. 임진왜란 당시 일본으로 넘어가서 현재 일본 덴리 대학이 소장하고 있다.

묘작도 조선 시대, 조선 후기: 새순이 돋아나는 나뭇가지에 앉은 참새들과 고개를 틀어 서로 눈길을 주고받는 고양이 두 마리의 동작과 표정을 생동감 있게 표현한 변상벽의 영모화(새나 짐승을 그린 그림)이다.

심사정 필 선유도 조선 시대, 18세기: 그림의 뱃사공은 온 힘을 다해 노를 젓고 있는 반면, 선비들은 물과 바람을 맞으며 경치를 구경한다. 선유(船遊)는 배를 타고 노는 놀이, 즉 '뱃놀이'를 뜻한다. 자연과 경치, 음악이 어우러진 뱃놀이를 그림으로 표현했다.

쌍검대무 조선 시대, 18세기 말~19세기 초: 조선 후기 화가 신윤복의 그림으로, 악기 연주, 춤과 노래가 어우러진 놀이 장면이다. 신바람 나는 놀이 장면의 순간을 담아냈는데 인물들의 행동이 매우 세련되고 자연스럽다.

이암 필 화조구자도 조선 시대, 16세기 전반: 봄날 꽃나무를 배경으로 세 마리의 개를 그렸다. 눈에 보이는 모습을 사실적으로 그려 낸 조선 전기의 대표적인 동물화이다.

작호도 조선 시대, 조선 후기: 눈에 노란 불을 켠 호랑이의 모습이 매우 매서우며, 이런 호랑이에게 강하게 대들고 있는 까치의 모습이 우스꽝스럽다. 18~19세기 우리나라 민화의 특징이 드러나는 대표적인 그림이다.

장승업 필 호취도 조선 시대, 19세기: 독수리 두 마리를 위아래에 배치해 부드러우면서도 생동감 있게 그린 동물화이다. 날카로운 발톱과 부리, 날개의 깃털 등을 굉장히 사실적으로 묘사했다.

정선 필 인왕제색도 조선 시대, 조선, 영조 27년(1751년): 조선 후기 화가 정선이 서울 인왕산의 풍경을 그린 것이다. 비가 온 뒤 안개가 피어오르는 순간을 담았으며, 생생한 현장감을 주는 조선 후기의 대표적인 진경 산수화이다.

지도 地圖　　　　　46

남한산성도 조선 시대, 연대 미상: 1690년대에 제작된 것으로 추정한다. 조선의 수도 한양을 지키는 남쪽의 성으로, 남한산성의 규모와 시설물 등이 매우 구체적이다. 비율과 축척이 정확하진 않지만 회화적으로 알아보기 쉽게 표현되어 있다.

대동여지도 중(中) 제주도 조선 시대, 조선, 철종 12년(1861년): 대동여지도(大東輿地圖)는 김정호가 1861년 제작한 목판 지도이다. 총 126개의 목판을 합쳐 우리나라 전체를 표현했으며, 서양의 영향을 받지 않고 김정호가 직접 탐사 및 측량해 제작했다. 대동여지도의 제주 부분에는, 근대 이전의 도로와 한라산 백록담 등이 매우 자세히 묘사되어 있어 그 가치가 높다.

도성도 조선 시대, 18세기 후반: 18세기 말 조선에서 제작되었으며, 조선의 수도 한양 성곽 내부를 매우 자세히 표현한 도성 지도이다. 한양을 에워싸는 도봉산, 북한산을 배경으로 하면서 도성 내의 인왕산과 남산, 청계천 등 빼어난 자연환경도 자세히 묘사했다. 뿐만 아니라 한양 도성 내의 궁궐들과 사대문, 행정 구역, 도로 상황들을 적절한 색채로 그렸다. 현재는 서울대학교 규장각에 보관 중이다.

서북피아 양계만리 일람도 조선 시대, 18세기 중반: 조선 후기 영조 때 그려졌으며, 백두산 일대에 백두산정계비를 건립해 조선의 북쪽 영토와 경계를 확정했던 시기에 만들어진 것으로 추정한다. 현재의 중국과 러시아 영토를 포함하고 있으며, 조선인들이 영토를 넘어 북쪽 지방에도 관심을 두었다는 것을 의미한다.

조선국팔도통합도 조선 시대, 19세기 중반: 우리나라의 각 도, 각 군현(郡縣)은 물론 산과 강을 다양하게 표현한 지도이다. 해안선과 산맥을 과장되게 표현했으며, 19세기 중반에 만들어졌을 것으로 추정한다. 경기도는 황색, 충청도는 주황색, 강원도는 청색, 평안도는 녹색 등으로 각 도를 다른 색깔로 구분해 그렸다.

조선팔도고금총람도 조선 시대, 조선, 현종 14년(1673년): 조선 후기에 제작된 목판 지도로, 우리나라 각 지역에 대한 기록을 글로도 수록했으며, 유명한 산과 강들을 강조했다. 1673년 조선 현종 때 만들어졌으며, 지도 가운데서는 드물게 제작 연대가 분명히 알려져 있다.

지승지도 조선 시대, 1776년: 조선 후기에 제작된 지리집《지승》에 실린 경상남도 창원의 회화식 지도 그림이다.《지승》은 전국의 군사적 요충지를 지도로 그려 모아 만든 책인데, 조선 시대 지도의 발달과 함께 지방 군현 행정의 묘사도 드러나 있어 매우 귀중한 자료이다.

천하도 조선 시대, 조선 중기 이후: 조선 중기에 유행하던 세계 지도로, 중앙에 중국을 비롯해 우리나라가 바다에 둘러싸인 대륙으로 그려져 있다. 또 바다를 둘러싸는 바깥쪽의 거대한 대륙에는 군자국, 삼수국 등 가상의 국가들이 있다. 천하도는 원형으로 그려져, 중국 대륙이 세상의 중심이라는 중화사상이 바탕이 된 세계 지도라고 말할 수 있다.

해동지도 대동총도 조선 시대, 18세기 중반: 1750년대 초 우리나라를 회화(繪畫)식으로 그린 것으로 알려져 있다. 총 8개의 지도로 구성된 지도집으로 편찬되었으며, 크기는 가로 47cm, 세로 30.5cm이다.《해동지도》에는 우리나라의 지도는 물론 세계 지도, 외국 지도 등이 모두 포함되어 있다. 그중 8권에 해당하는 대동총도는 전국의 지리적인 내용을 통일된 회화 양식으로 표현했으며, 조선 시대 이전까지의 회화 양식을 모두 반영했다.

해동지도 대동총도 중(中) 울릉도 조선 시대, 18세기 중반:《해동지도》지리집에 실린 울릉도와 독도는 실제 모습과 거의 가깝게 둥그렇게 표현되어 있으며, 그 부속 섬들이 함께 그려져 있다.

해동팔도 봉화 산악지도 조선 시대, 17세기 후반: 세로 2m에 달하는 규모의 지도로, 조선 후기 전국의 봉화를 그린 지도이다. 적이 쳐들어왔을 때, 산꼭대기에 설치된 봉화에 피워 올리는 연기와 불을 신호로 이를 알렸다. 지도에는 국경 인근부터 설치된 봉화들이 매우 세세히 묘사되어 있다.

혼일강리역대국도지도 조선 시대, 조선, 태종 2년(1402년): 우리나라 최초의 세계 지도이다. 중국과 일본에서 들여온 지도를 활용했으며, 유럽과 서양에 대해 잘 알지 못했을 때에도 아라비아, 아프리카, 유럽 등을 표현했다. 원본은 전해지지 않으며, 가장 우수한 필사본은 일본 교토 류코쿠 대학에 보관되어 있다.

문자 文字   50

공민왕 필 부석사 무량수전 현판 고려 시대, 고려, 공민왕 대 14세기 중반: 경상북도 영주의 부석사 무량수전에 걸린 편액으로, 고려 공민왕이 직접 썼다는 기록이 남아 있다. 편액이란 사찰 각 건물의 이름을 적은 나무 판이다. 1361년 공민왕이 홍건적의 침입으로 안동으로 피란했을 때, 당시 왜구에 의해 불에 타 없어진 무량수전을 다시 짓는다는 소식을 듣고 직접 현액을 적어 하사한 것으로 보인다. 이는 우리나라 사찰의 편액 가운데 가장 오래된 것으로 알려져 있다.

광개토대왕비 탁본 삼국 시대, 고구려, 장수왕 2년(414년): 중국 길림성 집안시에 있는 고구려의 왕 광개토 대왕의 비석으로, 그의 아들인 장수왕이 세웠다. 역사적 자료가 부족한 고구려 시대의 정치와 사회에 관해 알 수 있는 귀중한 사료이다. 고구려 멸망 이후 사람들의 기억에서 거의 잊혔지만, 19세기 말부터 일본 학자들이 이를 연구하기 시작했다. 해방 이후에 우리나라 학자들도 비석의 문자를 따온 탁본을 연구했는데, 고구려 건국 설화와 왕실 계보, 광개토 대왕의 영토 확장과 관련한 내용이 실려 있다. 하지만 판독이 불가능한 문자들이 있어서 정확한 내용에 대해서는 아직도 다양한 의견이 오가고 있다.

광개토왕호 우명문 삼국 시대, 고구려, 장수왕 3년(415년): 1946년 해방 직후 경상북도 경주의 한 무덤에서 그릇이 발견되었는데, 뒷면에 광개토 대왕과 관련된 기록이 있어 많은 주목을 받았으며, 고구려에서 만들어져 신라의 무덤에 묻혔을 것으로 추정한다. 이 토기는 신라에 백제, 가야, 일본의 연합군이 공격했던 5세기에 고구려 광개토 대왕이 5만 명의 군사를 지원한 사실을 뒷받침한다. 이를 통해 고구려와 신라가 5세기까지 가졌던 친밀한 관계를 알 수 있다.

교월여촉 조선 시대, 17세기 후반: 경희궁 용비루에 걸린 현판(懸板)으로, 왕이 친히 쓴 글씨인 어필(御筆)이다. 이 어필은 '달이 촛불처럼 밝다'라는 뜻이다.

대천오십 삼한 시대, 1세기: 1세기경 중국에서 사용한 화폐로, 우리나라에서도 사용한 것으로 보인다.

대포황천 삼한 시대, 1세기 초반: 전라남도 장흥 평화리에서 발견되었다. 1세기 무렵, 중국 신나라가 사용한 화폐로, 당대 전라도 지역의 세력이 중국 대륙과 교류했음을 보여 준다.

문자도 조선 시대, 조선 후기: 굵은 붓으로 한자(漢字)를 쓴 뒤, 검은색으로 쓰인 한자의 획 내부에 그림을 그렸다. 조선 후기 유행했던 민화(民畵)의 한 종류로, 유교 설화나 다양한 종류의 민간 설화를 소재로 그림을 그리는데, 여기에 쓰는 글자도 유교의 주요한 이념인 충(忠), 의(義), 효(孝), 신(信), 예(禮), 제(悌), 염(廉), 치(恥) 등이 주로 사용되었다.

봉은사 판전 현판 조선 시대, 조선, 철종 7년(1856년): 추사체(秋史體)라는 본인만의 필체로 유명한 추사 김정희가 71세에 직접 지었으며, 이 글씨를 적고 3일 뒤에 세상을 떠났다는 설이 있다.

선조국문유서 조선 시대, 조선, 선조 26년(1593년): 1593년 임진왜란 중, 일본의 포로가 되거나 일본에 항복한 백성들에게 선조가 직접 써서 내린 글이다. 백성들도 쉽게 알아볼 수 있도록 국문으로 적었으며, 다시금 조선의 편으로 돌아오도록 백성들을 회유하는 내용이다.

송시열 필 해운정 현판 조선 시대, 17세기: 1530년 강원도 관찰사가 강릉에 지은 별당의 현판으로 사용된 것이다. 현판 왼쪽에 송시열의 호인 '우암(尤菴)'이라는 문자를 자그맣게 적어 넣었다.

영조예필-송죽 조선 시대, 조선, 숙종 26년(1700년): 조선의 영조가 그의 나이 7세에 직접 적은 글씨로, '송죽(松竹)', 즉 소나무와 대나무라는 뜻이다. 훗날 흥선 대원군은 이 '송죽' 예필을 "세상에 드문 보배"라고 칭송했다.

월인천강지곡 조선 시대, 조선, 세종 29년(1447년): 1447년 세종 대왕이 세상을 떠난 부인 소헌 왕후의 명복을 빌기 위해 아들 수양 대군과 편찬한 찬불가(讚佛歌)이다. '월인천강지곡(月印千江之曲)'이란 하나의 달이 1000개의 강물에 닿는다는 뜻으로, 부처님의 자비가 달빛처럼 은은히 모든 백성에 닿을 것이라는 의미를 담고 있다.

이광사 필적 원교법첩 조선 시대, 조선, 영조 31년(1755년): 18세기의 명필가 이광사가 쓴 다섯 가지 서체의 글씨를 모은 서첩으로, 아주 얇은 옥색 비단에 먹으로 정갈한 글씨를 기록했다.

이징 필 화개현구장도 조선 시대, 17세기 중반: 조선 왕실 화가 출신인 이징이 경상남도 하동 화개현에 있던 정여창의 별장과 주변 자연환경을 그린 기록화이다. 그림 상단에 '화개현구장도(花開縣舊莊圖)'라는 문구가 적혀 있다.

임신서기석 삼국 시대, 신라, 6~7세기: 신라의 두 청년이 충성을 다할 것, 그리고 유교 경전을 공부할 것을 맹세하는 내용의 글이 적힌 비석으로, 1934년 경주 석장사지 인근에서 우연히 발견되었다. 국가가 주도해 만든 것이 아니라 청년들이 자발적으로 기록한 문서라는 점이 흥미롭다. 또한 신라 시대 유교와 유학에 대한 이해를 보여 주기에 귀중한 자료이다.

중종계비금보 조선 시대, 조선, 명종 9년(1554년): 금보(金寶)란 선왕(선대의 임금)에게 그 시호를 새겨 올리는 도장으로, 중종의 둘째 아들 명종 때에 완성되었다.

태종무열왕릉비 전액 남북국 시대, 통일 신라, 문무왕 1년(661년): 문무왕 때 세워진 무열왕비의 글씨이다. 전액(篆額)이란 당시 유행한 전서체(篆書體)로 쓴 비석 윗부분의 문자를 말한다. 무열왕비에는 '태종무열대왕지비(太宗武烈大王之碑)'라는 전액이 적혀 있는데, 삼국 통일에 큰 업적을 세운 무열왕의 업적을 칭송하고 있음을 알 수 있다.

하동 쌍계사 진감선사탑비 남북국 시대, 통일 신라, 진성 여왕 1년(887년): 통일 신라의 유명한 승려 진감 선사의 비석으로, 그가 도를 닦았던 경상남도 하동의 쌍계사에 있다. 당대를 대표하던 문인 최치원이 비문을 짓고 글씨를 직접 쓴 것으로 알려져 있다.

한석봉 천자문 조선 시대, 16세기 후반: 조선의 대표적인 명필 한호, 즉 한석봉이 직접 쓴 필체로 간행한 목판 천자문이다. 1583년에 처음 간행된 이래, 수백 년간 조선 시대에 가장 널리 퍼진 천자문이다. 한석봉만의 독보적인 필체인 석봉체를 연구하는 데 크게 도움이 되는 중요한 자료이다.

허목 전서 애군우국 조선 시대, 17세기 중반: 조선 중기의 문신 허목이 종이 두 장에 이어 쓴 글씨로, 고대 중국 필체인 전서체로 사각형 꼴의 과장된 문자들이 특징이다. 본디 '애민우국(愛民憂國)', 즉 '백성을 사랑하고 나라를 걱정한다'라는 뜻으로 보았으나 최근에는 애군우국(愛君憂國), 즉 '임금을 우선으로 나라를 걱정한다'라는 뜻으로 다르게 해석한다.

효종대왕 어서 조선 시대, 17세기 중반: 조선 효종과 그의 왕비 인선 왕후가 다섯 명의 공주들과 더불어 부부끼리 보낸 것으로 여겨지는 효종 대왕 어서이다. 한글로 썼으며 "편지 보고 잘 있다고 하니 반갑다. 난 잘 왔다."라는 내용이다.

효종 어필 조선 시대, 17세기 중반: 효종의 비 인선 왕후가 다섯 명의 공주들에게 내린 언간(諺簡)으로, 한글 편지 형태이다. 일상 안부를 묻는 내용이나, 왕실 풍속과 각종 정치 사건이 언급되어 있어 귀중한 자료로 쓰인다.

황기로 초서 조선 시대, 16세기: 조선 전기의 서예가 황기로가 직접 쓴 시 2편을 모은 것이다. 가느다란 선, 경쾌한 붓놀림, 붓이 끊이지 않고 유려하게 이어지는 등 황기로의 화려한 필체가 드러난다. 가로 25.7cm에 세로 109.8cm로 그 규모가 작은 편에 속하지만, 황기로는 물론 조선 전기의 문자 가운데 대표적인 걸작이다.

훈민정음 조선 시대, 조선, 세종 25년(1443년): 1443년 세종 대왕이 신숙주, 정인지 등 집현전의 학자들과 함께 창시한 문자이다. 1446년에 훈민정음, 이른바 '한글'을 반포하면서 그 내용과 창제 과정을 담은 《훈민정음 해례본》을 펴냈다. 인체의 발성 기관 모양을 본떠 만든 훈민정음은 글자를 발음하는 법과 그에 담긴 원리를 전부 세세히 밝힌 과학적이고 독창적인 문자 체계이다.

의궤 儀軌 54

대사례도 조선 시대, 조선, 영조 19년(1743년): 1743년 조선 영조 시대에 열렸던 대사례(大射禮) 의식을 기록한 그림이다. 대사례란 조선의 5개 의례 가운데 군사와 관련된 의례로, 임진왜란 이후에 폐지되었던 것을 영조의 명령으로 부활시킨 것이다. 대사례에 동원되었던 악기, 의복, 깃발 등에 대한 기록이 《의궤》와 함께 남아 있어 18세기 중엽 기록물로서의 가치가 매우 높다.

사도세자 혜빈 친영 반차도 조선 시대, 조선, 영조 20년(1744년): 친영(親迎)이란 왕이나 왕세자가 별궁에 행차하여 신부를 맞아 궁궐로 다시 돌아오는 과정을 말한다. 사도 세자는 왕세자빈으로 혜경궁 홍씨를 맞이했는데, 혼인 등의 업무를 관장하는 가례도감에서 직접 《의궤》를 편찬했다. 이 《의궤》에는 사도 세자가 혜빈, 즉 혜경궁을 궁으로 데려오는 과정이 12면의 반차도로 표현되어 있다.

선의왕후 발인 반차도 조선 시대, 조선, 영조 6년(1730년): 1730년, 선의 왕후의 장례를 치르는 과정을 기록한 《의궤》의 반차도이다. 이전 왕인 경종의 부인 선의 왕후가 7월 승하하자, 여러 달 동안 정성스럽게 장례를 준비하고 10월에 발인을 진행했다. 장례를 주관하는 조선의 기구인 국장도감에서 《의궤》를 편찬했으며, 장례를 준비한 인원과 절차를 매우 구체적으로 기록했다.

숙종 발인 반차도 조선 시대, 조선, 경종 1년(1720년): 1720년 조선 숙종의 장례를 치르는 과정을 기록한 《의궤》의 반차도이다. 왕의 장례는 무척 정성스럽게 거행되는데, 우선 지붕 위에서 곤룡포를 흔들며 혼을 돌아오게 하는 복을 행한다. 또한 왕의 시신을 깨끗이 씻겨 봉안하고 시호(諡號: 제왕이나 재상이 죽은 뒤에, 그들의 공덕을 칭송해 붙인 이름)를 올려 왕의 업적을 기린다. 국가의 장례를 담당하는 국장도감에서는 《의궤》를 편찬했다. 왕의 장례가 정성스러운 과정에 따라 진행된다는 것을 알 수 있다.

영조-정순왕후 친영 반차도 조선 시대, 조선, 영조 35년(1759년): 1759년 영조와 정순 왕후의 혼례를 기록한 《의궤》의 그림이다. 별궁에서 혼례식을 치른 뒤, 왕이 정순 왕후를 맞이해 직접 창경궁으로 데려오는 행렬을 기록했다. 조선 시대의 반차도 중 왕과 왕비가 혼인을 하며 같이 등장하는 첫 경우이다. 가례도감에서 편찬해 규장각에서 오래 보관했다.

정조대왕 능행 반차도 조선 시대, 조선, 정조 19년(1795년): 정조는 왕으로 즉위하자 아버지 사도 세자를 위해 수원 화성을 새롭게 건설하고, 1795년 완성된 수원 화성에 행차했는데, 당시 8일 동안 수원 인근에 행차하는 과정을 담은 그림이 바로 정조 능행 반차도이다. 이 그림은 서울 광교와 장통교 사이에 위치해 있고, 길이는 180m가 넘으며, 행차의 과정이 매우 세세하게 담겨 있다.

효장세자 책례 반차도 조선 시대, 조선, 영조 1년(1725년): 영조가 즉위한 1725년, 영조와 정빈 이씨 사이에서 낳은 아들 효장 세자가 6세가 되어 영조는 그를 왕세자로 책봉했다. 이 책례 반차도는 당시의 기록을 담은 《의궤》의 그림으로, 왕실의 책봉을 담당하는 책례도감에서 2책을 편찬했고, 효장 세자에게 책봉을 증명하는 책인(冊印)을 전달하는 모습을 반차도에 실었다.

불상 佛像 60

강릉 한송사지 석조보살좌상 고려 시대, 10세기: 강원특별자치도 강릉 한송사 절터에 있던 불상으로, 1912년에 일본으로 옮겨졌다가 1965년 한일 협정 때 되돌려받았다. 흰 대리석으로만 만들어서 우아하고 온화한 느낌을 준다.

경주 감산사 석조아미타여래입상 남북국 시대, 통일 신라, 8세기: 통일 신라의 김지성이 나라의 안정과 동시에 아버지의 건강을 기원하고자 만든 것으로 전해진다. 넓적한 얼굴에 근엄한 표정을 짓고 있다.

경주 구황동 금제여래좌상 남북국 시대, 통일 신라, 8세기 초반 추정: 불꽃무늬 광배(光背: 인물의 성스러움을 드러내기 위해 머리 등의 뒤에 표현한 빛)와 연꽃무늬 대좌(臺座: 불상을 올려놓는 대)가 남아 있는 신라 불상이다. 경주 황복사지 삼층석탑 해체 공사 중 출토되었다.

경주 백률사 금동약사여래입상 남북국 시대, 통일 신라, 8세기: 모든 중생의 질병을 치료해 준다는 약사불을 형상으로 나타낸 것이다. 둥근 얼굴, 가는 눈, 오똑한 코 등 인상이 전체적으로 우아한 느낌을 준다. 경상북도 경주 북쪽 산에 있던 것을 옮겨 현재는 국립경주박물관에 전시 중이다. 통일 신라의 3대 불상 중 하나이다.

경주 불국사 금동비로자나불좌상 남북국 시대, 통일 신라, 경덕왕 9년(750년): 진리의 세계를 두루 통솔한다는 의미를 지닌 비로자나불(毘盧遮那佛)을 형상화한 것이다. 머리카락은 소라 껍데기 모양이고, 옷깃은 자연스럽게 흘러내리며, 얼굴은 위엄이 있으면서도 자비롭게 표현되어 있다.

경주 석굴암 본존불 남북국 시대, 통일 신라, 경덕왕 10년(751년): 통일 신라의 김대성이 부모님을 위해 조각했다는 이야기가 전하는 석굴암 최대 불상이다. 석굴암 본존불은 석굴암 중에서도 주실(主室)에 위치하며, 360여 개의 돌이 주실을 받치는 형태로 뛰어난 건축 기술이 녹아 있다.

공주 의당 금동보살입상 삼국 시대, 백제, 7세기 초 추정: 충청남도 공주 의왕면에서 출토되었으며, 매끄러운 표면이 특징이다. 25cm의 높이로, 무늬의 양식 등에서 7세기 백제의 것으로 여겨진다.

금동관음보살입상(구미 선산읍) 삼국 시대, 신라, 7세기 중반: 오른손은 들어 올려 신비한 의미를 담은 구슬인 보주(寶珠)를 가볍게 받쳐 들고, 왼손은 아래로 내려 옷자락을 걸치고 있는 여성의 불상으로 추정된다.

금동관음보살입상(삼양동) 삼국 시대, 7세기 전반: 1967년 서울 도봉구 삼양동 산자락에서 발견된 20.7cm 크기의 불상으로, 7세기 무렵 제작된 것으로 추정된다.

금동미륵보살반가사유상 삼국 시대, 7세기: 불상 가운데 크기가 비교적 작은 편이지만, 정교한 세공 기술을 보여 주는 금동관음보살 반가사유상이다. 가치를 높게 인정받아 국립중앙박물관에 '사유의 방'이라는 특별 전시실이 구성되어 있다. 이 불상과 비슷한 형태와 크기의 반가사유상이 존재하기도 한다.

금동보살입상 남북국 시대, 통일 신라: 부산광역시립박물관에 있는 통일 신라 시대의 금동제 보살 입상이다. 높이는 34cm이다.

논산 관촉사 석조미륵보살입상 고려 시대, 고려, 광종 19년(968년): 우리나라 최대 규모의 석조 불상으로, 과장된 이목구비와 비현실적인 신체가 특징이다. 고려만의 독자적인 불상으로서 '은진미륵'이라고 불리기도 한다. 《신증동국여지승람》에 고려 왕실의 전폭적인 지원으로 제작되었다는 기록이 남아 있다.

부여 군수리 금동보살입상 삼국 시대, 백제, 6세기: 머리에 화려한 관을 쓰고 있으며, 굵게 표현된 머리카락이 양쪽 어깨 위로 늘어져 있다. 넓은 얼굴과 풍만한 미소가 특징으로, 백제인의 얼굴을 나타냈다. 충청남도 부여 군수리의 백제 절터를 조사하던 중 발견했다.

부여 규암리 금동관음보살입상 삼국 시대, 백제, 7세기: 충청남도 부여의 절터 무쇠솥 내부에서 발견되었다. 7세기 백제의 불상으로 매우 세련된 모습이다.

서산 용현리 마애여래삼존상 삼국 시대, 백제, 6세기 말~7세기 초 추정: 충청남도 서산 가야산 절벽에 조각된 불상으로, 흔히 '백제의 미소'라고 알려져 있다. 여래입상과 반가사유상, 보살입상이 함께 있어서 '삼존상(三尊像)'이라고 부른다.

영주 부석사 소조여래좌상 고려 시대, 고려 중반 추정: 부석사 무량수전에 자리한 소조 불상(塑造佛像)으로, 우리나라에서 가장 오래되었다. 소조 불상이란 나무로 골격을 세우고 진흙을 붙이면서 만든 불상을 말한다. 제작 양식이 통일 신라 시대와 비슷하기에, 고려 초기에 만들어졌을 것으로 추정한다. 보존 상태가 좋은 소조 불상이라는 점에서 중요한 예술적 가치를 지닌다.

양평 신화리 금동여래입상 삼국 시대: 현실적인 긴 얼굴과 목이 특징이다. 중국 수나라의 영향을 받았다. 7세기에 신라가 점령하고 있던 한강 일대인 양평에서 출토되어 신라의 불상으로 추정한다.

연가7년명 금동여래입상 삼국 시대, 고구려, 안원왕 9년(539년): 고구려와 관련된 명문이 있으나, 경상남도 지방에서 발견되었다. 일부분이 손상되었지만, 도금은 거의 완전한 상태이다. 6세기 후반 고구려의 불상으로 추정한다.

영암 월출산 마애여래좌상 남북국 시대, 통일 신라, 통일 신라 후기~고려 초기 추정: 전라남도 영암의 월출산 암벽을 깊게 파서 불상 자리를 만들고, 그 안에 8.6m 높이의 거대한 불상을 조성했다. 가로로 늘어진 얼굴 등에서 풍만함과 안정감이 느껴진다. 통일 신라 후기에 만들어진 불상으로 추정한다.

장흥 보림사 철조비로자나불좌상 남북국 시대, 통일 신라, 헌안왕 3년(859년): 9세기 후반에 철로 만든 불상이다. 달걀형 얼굴에 약간의 볼살이 올라 있고, 그와 반대로 오뚝한 콧날과 굳게 다문 입에서 비로자나불의 위엄이 느껴진다. 신라 말에서 고려 초에 유행한 철제 불상 중 축조 연대가 가장 이르다.

철원 도피안사 철조비로자나불좌상 남북국 시대, 통일 신라, 경문왕 5년(865년): 신라 말, 풍수지리설을 우리나라에 들여온 것으로 알려진 도선 대사에 의해 철원 도피안사가 건설되었다. 이 불상은 도피안사의 대표적인 불상으로, 철로 제작되었다. 신라 말부터 고려 초에 유행한 철제 불상 중 가장 대표적이다.

평창 월정사 석조보살좌상 고려 시대, 고려 전기 추정: 강원특별자치도 평창 월정사 팔각구층석탑 남쪽에 있는 고려 전기의 불상이다. 안정적이고 균형 잡힌 자세, 귀걸이와 팔찌 등의 장신구가 매우 세련되었다. 불경에 등장하는 약왕보살(藥王菩薩)을 형상화한 것이다.

반가사유상 半跏思惟像 ——— 64

금동미륵보살반가사유상(1962-1) 삼국 시대, 7세기: 국내에서 가장 큰 금동반가사유상으로, 높이가 93.5cm에 이른다. 1920년대에 경상북도 경주에서 발견되었으며, 머리에 3개의 면이 둥근 관을 쓰고 있어 '삼산반가사유상(三山半跏思惟像)'이라고도 불린다. 얼굴은 풍만하고 입가에 은은한 미소를 띠고 있다. 왼발은 작은 연꽃무늬 대좌를 밟고 있으며, 오른발은 왼쪽 허벅다리 위에 수평으로 사뿐히 얹고 있다. 일본 교토 고류지(廣隆寺) 목조반가사유상과 매우

흡사해 6~7세기 우리나라와 일본의 교류에 관해서도 큰 주목을 받은 바 있다. 7세기 초반에 제작된 신라의 불상으로 추정했으나, 최근에는 둥근 모양과 단순한 조각 등이 신라보다는 백제의 분위기에 가깝다는 의견이 있어 백제의 불상으로 보기도 한다. 현재는 국립중앙박물관에 소장되어 있다.

금동미륵보살반가사유상(1962-2) 삼국 시대, 7세기: 높이는 80cm에 이른다. 일본인이 입수해 조선 총독부에 넘겼던 것을 1916년 총독부박물관으로 옮겼고, 현재는 국립중앙박물관에 전시 중이다. 대좌 위에 앉아 오른발을 왼다리 위에 올려놓고, 오른쪽 팔꿈치를 무릎 위에 올린 채 손가락으로 뺨을 댄 모습의 전형적인 반가사유상 형태이다. 왼발을 올려놓은 대좌에는 연꽃무늬가 새겨져 있으며, 머리 뒷부분에는 광배의 흔적이 있으나 현재는 전해지지 않는다. 화려한 보관(寶冠)을 쓰고 있는 것이 특징인데, 마치 탑처럼 솟아 있는 이 보관은 달과 태양을 결합한 특이한 형식으로 일월식(日月飾) 보관으로 불린다. 규모가 큰 반가사유상이지만 섬세하며, 고도의 기술로 제작된 것으로 보인다. 반가사유상의 내부를 흙으로 채우고, 표면은 구리를 2~4mm 정도로 얇게 덮어 아름답고 생명력 있는 불상의 형태가 남아 있게 된 것이다.

금동미륵보살반가사유상(1964) 삼국 시대, 고구려, 6세기 후반: 삼국 중 고구려의 반가사유상이 발견된 첫 번째 경우이다. 위치상 고구려의 유물이 발견되는 경우가 드물지만, 이 유물을 통해 삼국 모두 반가사유상을 제작했음을 알 수 있다. '고구려 금동미륵보살반가사유상'으로 부르기도 한다.

금동미륵보살반가사유상(1978) 삼국 시대, 신라, 6세기 후반: 투박한 느낌이 들고, 얼굴의 비율이 비교적 크다. 도금의 흔적이 남아 있으며, 삼국 중 금제 문화가 가장 발달했던 신라의 반가사유상으로 추정한다.

금동미륵보살반가사유상 삼국 시대, 신라, 5~6세기: 대부분 녹이 슬었으나 형태는 완전한 편이다. 경상남도 양산에서 공장을 짓던 중 출토되어 '양산 금동미륵보살반가사유상'으로 부르기도 한다. 옷 주름을 여러 겹으로 표현한 것으로 보아 5~6세기 무렵 신라의 반가사유상으로 추정한다.

금동미륵보살반가사유상 삼국 시대, 7세기: '방형대좌 금동미륵보살반가사유상'이라고 부르기도 하는 이 불상의 제작지는 알려져 있지 않다. 얼굴과 몸통, 팔이 비현실적으로 가늘고 길게 표현되었다. 미소가 없는 근엄한 표정을 짓고 있는 점에서 삼국의 반가사유상보다는 중국의 영향을 직접적으로 받은 것으로 파악된다.

봉화 북지리 석조반가상 삼국 시대, 신라, 7세기 중반: 상반신은 깨져 없어지고, 하반신과 연꽃무늬 받침대만 남아 있다. 반가상 가운데 세계 최대 규모이며, 본래 규모는 3m가 넘는 것으로 추정한다. 받침대는 약 70cm 크기로 연꽃무늬가 조각되어 있다. 돌을 일일이 깎아 만든 것으로, 신라의 우수한 기술을 보여 준다.

송화산 석조반가사유상 삼국 시대, 신라, 7세기 초: 경상북도 경주 서쪽 송화산에서 처음 발견되었다. 제작 연대는 7세기로 추정되며, 발견 당시 양팔과 머리 부분이 잘려 나간 상태였다. 높이는 125cm로, 세계적으로도 몇 없는 거대한 크기의 반가사유상이다.

탑塔 ——— 68

개성 경천사지 십층석탑 고려 시대(원 간섭기), 고려, 충목왕 4년(1348년): 고려가 중국 원나라의 간섭하에 있던 시기에 축조되었다. 이 석탑은 매우 높은 탑과 하늘을 향하는 화려한 층 장식이 특징이며, 국립중앙박물관의 주요 전시 유물이다.

경주 감은사지 삼층석탑 남북국 시대, 통일 신라, 신문왕 2년(682년): 삼국을 통일한 후 경주 앞바다의 용이 되어 신라를 수호하겠다고 했던 문무왕의 업적을 기리는 감은사의 석탑이다. 동서로 같은 모양의 석탑이 두 개 있다.

경주 불국사 다보탑 남북국 시대, 통일 신라, 경덕왕 10년(751년): 통일 신라의 김대성이 전생의 부모님을 위해 창건했다고 전해지는 불국사의 주요 석탑이다. 목조 건축 구조를 짜임새 있고 섬세하게 표현해 가치가 높다. 석가탑과 함께 가장 잘 알려진 석탑이다.

경주 정혜사지 십삼층석탑 남북국 시대, 통일 신라, 9세기: 우리나라 석탑에서 보기 드문 13층이라는 층수와, 매우 커다란 지붕돌 위에 작은 층들을 장식해 이색적인 분위기를 자아낸다.

공주 마곡사 오층석탑 고려 시대(원 간섭기): 꼭대기의 머리 장식이 청동으로 되어 있다. 이는 중국 원나라의 라마탑과 비슷한 형태로, 고려 말 원나라의 내정 간섭을 받았던 시기에 축조된 것으로 추정한다.

구례 화엄사 사사자 삼층석탑 남북국 시대, 통일 신라, 8세기 중반: 신라의 전성기를 구가한 진흥왕 때인 6세기에 세워진 화엄사의 주요한 석탑이다. 가장 아래층에는 춤추며 노래하는 등의 다양한 모습이 조각되어 있다. 맨 위층 각 모퉁이에 네 마리의 사자가 새겨져 있어서 '사사자석탑'이라고도 불린다.

금동탑 고려 시대, 고려 초기: 표면의 금칠은 거의 벗겨졌으나 정교한 장식과 155cm라는 규모 면에서 가치가 높은 금동탑이다.

김제 금산사 육각다층석탑 고려 시대, 고려 전기: 검은색과 흰색 암석으로 만들어진 6각의 다층 석탑이며, 위로 갈수록 줄어드는 구조가 부드럽다. 벼루를 만들 때 주로 쓰이는 점판암으로 건축해 매우 이국적인 느낌을 자아낸다.

남원 실상사 백장암 삼층석탑 남북국 시대, 통일 신라, 9세기: 일반적으로 탑은 위로 올라갈수록 너비와 높이가 줄어드는 반면, 이 탑은 너비와 높이가 대체로 일정하다. 모두 돌로 조각했는데, 층마다 각각 보살, 인물 등의 형상을 새겼다. 형식에 얽매이지 않은 자유로운 구조의 아름다운 석탑으로, 통일 신라 시대 후기에 세워진 것으로 추정한다.

보협인석탑 고려 시대, 고려 후기: 탑 내부에서《보협인다라니경》이라는 불교 경전이 발견되었다. 네모난 돌 2개를 포갠 뒤, 그 위로 귀를 세운 장식을 얹은 모습이다. 중국 오나라, 월나라에서 유래한 특이한 형태로, 고려 시대의 석탑이다.

안동 법흥사지 칠층전탑 남북국 시대, 통일 신라, 8세기: 흙으로 만든 벽돌을 쌓아 올린 전탑(塼塔)으로, 통일 신라 때 조성된 법흥사에 속해 있던 탑으로 추정한다. 17m 높이로 국내에 남아 있는 것 중 가장 크고 오래된 전탑이다. 기단의 윗면에 시멘트를 발라 놓아 다소 아쉬움이 남는다.

영양 산해리 오층모전석탑 남북국 시대, 통일 신라: '봉감탑'이라고도 불리며, 통일 신라 시대에 세워진 것으로 추정한다. '모전'이란 벽돌 모양의 돌로 쌓은 것을 말하며, 이 탑도 마찬가지로 모두 벽돌 모양의 돌로 건축되었다. 비슷한 종류의 모전석탑으로는 경주 분황사 모전석탑이 있다.

원주 법천사지 지광국사탑 고려 시대, 11세기: 일제 강점기에 일본으로 몰래 빼돌려졌던 것을 다시 되돌려받았다. 고려의 승려 해린을 기리기 위한 탑으로, 화려한 양식이 고려 시대의 탑 가운데 가장 섬세하며 아름답다.

익산 미륵사지 석탑 삼국 시대, 백제, 무왕 40년(639년): 백제 무왕 때 창건한 것으로 알려진 미륵사의 주요 석탑으로, 우리나라에 남아 있는 석탑 중 가장 규모가 크고, 가장 이른 시기에 건축되었다. 1915년 일본인들이 한 면을 시멘트로 매장했으나, 여러 차례 보수 작업을 거쳐 현재의 모습을 갖추었다.

창녕 술정리 동 삼층석탑 남북국 시대, 통일 신라, 8세기 중반: 8세기 통일 신라 시대에 세워진 석탑으로, 간결하고 정교한 비율을 자랑하는 통일 신라의 전형적인 석탑 양식을 띠고 있다. 신라가 삼국을 통일한 이후 경주 지방에서 관찰되던 석탑의 양식이 점차 확장되었다는 증거로, 역사적 맥락에서 가치가 높다.

충주 정토사지 홍법국사탑 고려 시대, 11세기: 고려의 승려 홍법 국사를 기리려고 세운 탑이다. 탑의 가운데 부분이 둥근 공 모양을 하고 있는데, 가로와 세로에 십(十)자 무늬가 조각되어 있으며, 그 교차점에는 꽃무늬가 새겨져 있다. 표면이 거의 손상되지 않아 매끄러운 질감을 느낄 수 있다.

충주 탑평리 칠층석탑 남북국 시대, 통일 신라, 원성왕 12년(796년): 우리나라의 정중앙인 충청북도 충주의 남한강 변 탁 트인 언덕에 자리한 석탑으로, '중앙탑(中央塔)'이라고도 불리는 통일 신라 시대의 석탑이다.

평창 월정사 팔각구층석탑 고려 시대, 고려 전기: 고려 전기의 석탑으로, 8각의 면을 9개 층으로 쌓았다. 귀족적이고 화려한 고려 문화의 특징이 두드러진다.

화순 운주사 원형다층석탑 고려 시대: 우리나라에서 보기 드물게 둥근 돌들을 쌓아 지은 석탑이다. 고려 시대에 각 지방에서 드러나는 특이한 형태의 석탑 중 하나이다.

석등 石燈, 비석 碑石 — 72

경주 태종무열왕릉비 남북국 시대, 통일 신라, 문무왕 1년(661년): 중국 당나라의 영향을 받아 받침돌은 거북 모양, 머릿돌은 용 모양으로 표현했다. 아들 문무왕 대에 세워졌으며, 표현이 사실적이고 생동감 있다.

계유명삼존천불비상 남북국 시대, 통일 신라, 문무왕 13년(673년): 7세기 무렵 충청남도 연기에서 신라에 통합된 백제 유민들이 만들었을 것으로 추정하는 비석이다. 당시의 마을 공동체인 향도(香徒) 250여 명이 함께 비석을 조성했다는 기록이 담겨 있다. 삼국이 통일된 뒤에도 유민들이 백제의 문화를 이어 나갔다는 증거이다.

구례 화엄사 각황전 앞 석등 남북국 시대, 통일 신라(9세기 후반): 높이가 6.4m로, 국내 최대 규모의 석등이다. 화엄사 각황전 앞에 위치하며, 웅장한 미를 자랑한다. 부처의 광명(光明)을 상징한다고 하여 '광명등'이라고도 불린다.

구례 화엄사 사사자석탑 앞 석등 남북국 시대, 통일 신라, 9세기 후반: 전형적인 신라의 양식을 따른다. 화엄사 각황전 앞에 위치하며, 8각의 몸체 안에 석탑을 향해 공양을 올리는 사람의 형상이 조각되어 있다.

남원 실상사 백장암 석등 남북국 시대, 통일 신라(9세기): 전라북도 남원 실상사 백장암 삼층석탑 앞에 위치하며, 간결한 지붕과 세밀하게 새겨진 연꽃 무늬가 특징이다. 통일 신라 후기인 9세기 무렵에 조성되었다.

단양 신라적성비 삼국 시대, 신라, 진흥왕 11년(550년): 신라 진흥왕이 고구려의 영토를 정복한 후 세운 순수비이다. 신라의 전성기인 진흥왕 대의 영토 확장과 제도에 대해 알 수 있다.

무령왕릉 석수 삼국 시대, 백제, 6세기 초반: 충청남도 공주 무령왕릉 발굴 당시 발견된 석수(石獸)이다. 무덤을 지키는 상상의 동물로, 사실적인 표현이 인상적이다.

보은 법주사 쌍사자 석등 남북국 시대, 통일 신라, 8세기: 밑받침돌 위에 사자 두 마리가 가슴을 맞대고 서 있어 '쌍사자 석등'이라고도 불린다. 720년 통일 신라 성덕왕 대에 세워졌을 것으로 추정하며, 큰 무늬 없이 소박하고 안정된 형태를 띤다. 사자를 돌로 조각한 것 가운데 우리나라에서 가장 오래된 유물이다. 사자의 몸통, 갈기, 입, 근육까지 사실적으로 표현되어 있다.

북한산 신라 진흥왕순수비 삼국 시대, 신라, 6세기 중반: 6세기 신라의 전성기를 이끈 진흥왕 때 세운 비석으로, 한강 유역을 정복한 후 진흥왕의 방문을 기념하기 위해 세워졌다. 본래는 북한산에 자리했으나 보존을 위해 현재는 국립중앙박물관에 소장되어 있다.

여주 고달사지 승탑 고려 시대, 고려 초기: 탑의 가운데 부분에 거북과 용이 매우 입체적으로 새겨져 있다. 고달사가 통일 신라 시기에 세워진 것과는 달리, 승탑은 고려 전기에 세워진 것으로 보인다.

여주 신륵사 보제존자석종 앞 석등 고려 시대, 고려, 우왕 5년(1379년): 경기도 여주 신륵사에 위치하는 석등으로, 받침에 새겨진 화려한 꽃무늬, 각 면에 새겨진 무지개무늬 등이 남아 있다. 고려 우왕 시기에 비석과 함께 세워졌다. 축조 연대를 정확히 알 수 있는 몇 안 되는 석등이다.

영주 부석사 무량수전 앞 석등 남북국 시대, 통일 신라, 7~8세기: 아래 받침돌에는 큼직한 연꽃 조각을, 가운데 기둥 옆면에는 다양한 무늬를, 위 받침돌에는 다시 연꽃 조각을 새겼다. 통일 신라 시대를 대표하는 석등으로, 화려하면서도 단아한 멋을 지닌다.

울진 봉평리 신라비 삼국 시대, 신라, 6세기 중반: 신라의 율령 반포, 육부제 등을 파악할 수 있는 비석으로, 매우 가치가 높다. 신라 전성기의 시작인 법흥왕 대에 만들어진 것으로 추정한다.

장흥 보림사 석등 남북국 시대, 통일 신라, 경문왕 10년(870년): 통일 신라 헌안왕의 권유로 세워진 보림사를 대표하는 석등이다. 2개의 석탑 가운데에 위치하며, 신라의 전형적인 석등 양식을 보여 준다.

천안 봉선 홍경사 갈기비 고려 시대, 고려, 현종 12년(1021년): 1021년 창건된 홍경사의 창건에 관한 글이 적힌 비석이다. 거북 모양의 받침돌과 머릿돌에는 구름에 휩싸인 용이 새겨져 있다. 몸통의 비문은 고려 최고의 문인 중 한 명인 최충이 적었다.

충주 청룡사지 보각국사탑 앞 사자 석등 조선 시대, 조선, 태조 1년(1392년): 충청북도 충주시 청룡사지에 있는 조선 시대의 석등이다. 청룡사지 석등은 보각 국사의 명복을 빌고자 석탑 앞에 세워졌다.

하동 쌍계사 진감선사 탑비 남북국 시대, 통일 신라, 헌강왕 11년(885년): 통일 신라 승려 진감 선사를 기리기 위한 비석이다. 글씨가 새겨진 비석이 일부 손상되었다. 거북 모양 받침돌의 얼굴은 용의 형상으로 표현했으며, 머릿돌에는 구슬을 두고 다투는 용의 모습을 새겼다. 진감 선사는 당나라 유학 후 불교 음악 등을 도입하며 불교를 대중화한 인물로, 통일 신라 내에서 그 명성이 자자했다.

화천 계성리 석등 고려 시대, 고려 전기: 계성사가 소실된 후 일제 강점기에 강제로 계성사 절터 본래 위치에서 200m 정도 밑으로 옮겨진 석등이다. 일반적인 4각 석등과는 달리, 6각의 형태가 두드러진다.

종 鍾

76

갑사 동종 조선 시대, 조선, 선조 17년(1584년): 조선 초기의 종으로, 왕의 만수무강을 기원하는 의미에서 제작되었다. 일제 강점기에 공출되었다가 해방 후 우리나라로 다시 돌아왔다.

고흥 능가사 동종 조선 시대, 조선, 숙종 24년(1698년): 전라남도 고흥군의 능가사에 있다. 1698년 제작된 조선 중기의 종으로, 윗부분에는 왕의 안녕을 기원하는 글귀가 새겨져 있다. 조선 시대의 장인 김애립이 직접 제작한 것으로, 품질이 매우 우수하다.

무술명 동종 고려 시대, 고려, 문종 12년(1058년): 높이가 45.3cm에 이르는 동종으로, 고려 시대의 것으로 추정한다. 용뉴의 형태가 아주 짧은 뱀에 가까우며, 매우 이례적인 형식이 두드러진다.

보은 법주사 동종 조선 시대, 조선, 인조 14년(1636년): 1636년 만들어진 종이다. 용뉴의 모양과 몸통에 새겨진 9개의 연뢰(蓮雷)로 우리나라의 전형적인 전통 종 양식을 관찰할 수 있다. 높이 76cm, 지름 48.1cm의 청동 종이며, 일반적인 범종과 비교해 크기가 작다. 크기로 보아 매번 종을 울리기보다는, 불전 안에 두고 법회 때만 사용했을 것으로 추정한다. 2015년 새롭게 보물로 지정되었다.

사인비구 제작 동종 중 포항 보경사 서운암 동종 조선 시대, 조선, 현종 8년(1667년): 조선 시대의 종으로, 연꽃잎 40개와 부처의 말씀이 새겨져 있는 점이 특징이다. 18세기 승려 사인 비구가 만들었으며, 신라의 종 양식이 혼합되어 있다.

상원사 동종 남북국 시대, 통일 신라, 성덕왕 24년(725년): 강원특별자치도 오대산 상원사에 있으며, 종의 윗부분에는 용이, 소리의 울림을 돕는 음통에는 연꽃과 각종 덩굴무늬가 새겨져 있다. 종 아래쪽을 구슬로 테두리를 장식하고, 종을 치는 부분인 당좌는 구슬과 연꽃무늬로 장식했다. 또한 종의 아래와 위 끝부분이 안으로 좁아지는 항아리의 모습이다. 우리나라에 현재 남아 있는 3개의 통일 신라 시대 동종 중 하나인데, 상원사 동종은 그중에서도 가장 오래된 것으로 역사적 가치가 매우 높다.

성거산 천흥사명 동종 고려 시대, 고려, 현종 1년(1010년): 국내에 존재하는 고려 시대의 동종 중에서 가장 큰 규모를 자랑한다. 종의 고리 역할을 하는 용뉴는 여의주를 물고 고개를 젖힌 용의 모습을 하고 있다.

성덕대왕신종 남북국 시대, 통일 신라, 혜공왕 7년(771년): 높이 3.66m, 지름 2.27m, 무게는 18.9t에 달한다. 신라 경덕왕이 아버지 성덕왕의 업적을 기리고자 종을 만들기 시작해 그 뒤를 이은 혜공왕 때에 이르러서야 비로소 완성되었다. 종을 매다는 고리 역할의 용뉴는 용머리 모양이고, 몸체는 꽃무늬, 어깨 밑으로는 연꽃 모양의 꽃봉오리가 둘러싸고 있다. 종의 몸통에는 제작 당시 새긴 1000여 자의 글자가 남아 있다. 현재 국립경주박물관에 소장되어 있다. 성덕대왕신종을 만들 때 갓난아이를 바쳐 완성했다는 설화가 전한다. 한 대장장이가 종을 만드는 데 여러 번 실패했다. 그에게는 여동생과 어린 조카가 있었는데, 여동생은 대장장이의 실패를 자신의 탓으로 여겨 어린 딸의 목숨을 공양으로 바치면 종을 완성할 수 있으리라 생각했다. 대장장이는 망설이다가 결국 어린 조카를 제물로 바쳤고, 종은 마침내 완성되었다. 하지만 그 종소리가 마치 어머니를 원망하듯 '에밀레'라고 운다고 하여 '에밀레종'이라고도 불린다.

옛 보신각 동종 조선 시대, 조선, 세조 14년(1468년): 1468년 제작된 조선 시대의 종으로, 임진왜란 후 종루에 보관했다. 1895년 종루가 보신각으로 바뀌면서 '보신각종'으로도 불리기 시작했다. 현재도 새해 첫날 제야의 종을 울릴 때 사용한다.

용주사 동종 고려 시대, 고려 전기: 용이 여의주를 물고 두 발로 힘차게 몸을 들어 올리는 형상이 조각되어 있다. 통일 신라 문성왕 대에 제작되었다는 글이 종 뒤편에 새겨져 있으나, 종의 문양이 그 이후의 것으로 보여 고려 시대에 만들어진 것으로 추정한다.

전등사 철종 고려 시대, 고려, 숙종 2년(1097년, 북송 철종 4년): 일제 강점기 중 금속을 강제로 수탈하던 때 중국에서 건너온 철종이다. 광복 후 인천에서 발견되어 전등사에서 보존하고 있다. 형태와 조각 기법 등에서 우리나라의 범종과는 다른 중국 범종의 특징이 드러난다. 중국 북송 시대에 만들어진 것으로 추정하며 그 연구 가치가 높다.

진관사 동종 고려 시대, 고려 후기: 고려 후기의 종으로, 용뉴의 한쪽 면에 진관사라는 절 이름을 조각했다. 또한 당좌 옆에 보살의 형태가 새겨져 있는 것이 특징이다. 용뉴가 S 자 모양으로 휘어 있어 고려 후기 범종의 양식이 두드러지게 나타난다.

청녕 사년명 동종 고려 시대, 고려, 문종 12년(1058년): 길이가 84cm인 이 동종은 보존 상태가 매우 좋아 구릿빛이 선명하다. 종 아래쪽에 고려 문종대에 제작되었다는 글귀가 새겨져 있다.

사찰 寺刹 80

강진 무위사 극락보전 조선 시대, 조선, 세종 12년(1430년): 곡선 재료를 많이 사용하던 고려 후기의 건축 양식과 비교해, 대부분 직선 재료를 써 간결하면서도 짜임새가 있는 것이 특징이다. 신라 말 원효 대사가 '관음사'라는 이름으로 지은 뒤 '무위사'로 이름이 변경되었으며, 여러 시대를 거치는 동안 중심 건물이었다.

경주 불국사 청운교 및 백운교 남북국 시대, 통일 신라, 경덕왕 10년(751년): 총 34개의 계단으로 이루어진 불국사의 계단으로, 우리나라 홍예(虹霓: 문 윗부분을 무지개 모양으로 반쯤 둥글게 만든 문) 건축의 아름다움을 확인할 수 있다. 위쪽 계단이 청운교, 아래쪽 계단이 백운교이다. 청운교와 백운교를 오르면 자하문(紫霞門)을 지나 불국사의 중심 건물인 대웅전(大雄殿)에 들어설 수 있다.

구례 화엄사 각황전 남북국 시대, 통일 신라, 문무왕 10년(670년): 화엄사는 통일 신라 때 연기 조사가 세운 절이다. 그중 각황전은 팔작지붕과 처마를 받치는 다포(처마 끝의 무게를 받치기 위해 기둥머리에 짜 맞추어 댄 나무쪽. 공포라고도 한다) 양식으로 지어 그 형태가 화려하다. 본래는 '장육전'이었으나, 조선 숙종이 직접 이름을 짓고 현판을 내어 각황전이 되었다.

김제 금산사 미륵전 조선 시대, 조선, 인조 13년(1635년): 백제 때 처음 지어진 다포 양식의 건축물로, 화려한 처마 장식이 특징이다. 웅장함과 동시에 안정된 느낌을 준다. 후백제를 건국한 견훤이 첫째 아들 신검에 의해 이곳에 유폐된 적이 있다. 여러 번 보수 공사를 했으며, 조선 인조 때 마지막으로 다시 지은 뒤 오늘날에 이르고 있다.

보은 법주사 팔상전 조선 시대, 조선, 인조 2년(1624년): 우리나라에 남아 있는 유일한 5층 목조 탑 건축물이다. 1층부터 4층까지는 주심포 양식으로 건축했으나 5층은 기둥과 기둥 사이에 모두 공포를 설치해 화려한 다포 양식을 따랐다.

순천 선암사 승선교 조선 시대, 조선, 숙종 24년(1698년): 무지개 모양의 홍예 형태로 지어졌으며, 그 짜임새가 정교하고 부드럽게 조각되어 우리나라 홍예 건축을 대표한다.

순천 송광사 국사전 고려 시대, 고려, 공민왕 18년(1369년): 송광사는 우리나라의 3대 사찰 중 하나로, 국사전(國師殿)은 그중 우리나라를 빛낸 승려 16명을 모시며 그들의 덕을 높이 기리고자 조성한 건물이다. 지붕은 사람 인(人)자 모양이며, 처마를 기둥머리 위에만 받치는 주심포 양식의 건축물이다.

안동 봉정사 극락전 고려 시대, 13세기 중반: 13세기에 건립된 고려 주심포 양식의 건물이다. 건물 안에 불상을 모셔 더욱 엄숙한 분위기의 닫집(궁전 안의 옥좌 위나 법당의 불좌 위에 만들어 다는 집 모형)을 만들었다.

양산 통도사 대웅전 및 금강계단 조선 시대, 조선, 인조 23년(1645년): 다포 양식의 건축물이자 화려한 연꽃무늬가 건물 외벽과 계단에 새겨져 있다. 계단 가운데에 종 모양의 조형물을 설치했는데, 그사이에 실제 부처님의 몸에서 나왔다고 전해지는 진신 사리(舍利: 석가모니나 성자의 유골을 뜻하는 말로, 후세에는 화장한 뒤에 나오는 구슬 모양의 것만 사리라고 여긴다)가 보관되어 있어 주목받았다.

영암 도갑사 해탈문 조선 시대, 조선, 성종 4년(1473년): '해탈문'은 모든 잡념에서 벗어나는 문이라는 뜻으로, 우리나라의 대표적인 절 문이다. 별다른 장식 없이 깔끔하게 기둥과 기둥 사이를 여백으로 표현한 것이 특징이다.

영주 부석사 무량수전 고려 시대, 13세기 중반: 신라 승려 의상 대사가 창건한 부석사는 처마를 받치는 기둥이 간결한 주심포 양식의 대표적인 건축물이다. 또한 기둥의 중간이 배가 부르고 위아래로 가면서 점점 가늘어지는 배흘림기둥 양식이 특징이다.

영천 거조사 영산전 고려 시대, 고려 말기~조선 초기: 고려 말 우왕 시기에 지어진 건물이다. 고려 말부터 조선 초까지의 주심포 양식을 뚜렷하게 관찰할 수 있으며, 돌계단 위에 건물을 지은 독특한 형식이다.

예산 수덕사 대웅전 고려 시대, 고려, 충렬왕 34년(1308년): 석가모니의 불상을 모시고 있는 수덕사의 중심 건물로, 우리나라에서 가장 오래된 목조 건물 중 하나이다. 백제 계통의 목조 건축 방식에 고려 주심포 양식을 더한 훌륭한 건축물이다.

평창 월정사 일주문 고려 시대: '일주'란 4개의 기둥이 건물을 지탱하는 일반적인 형태가 아닌, 2개의 기둥만으로 지붕을 지탱하는 방식이다. 월정사 일주문에는 절에 들어가면서 잡념을 버리고 진리를 깨닫고자 하는 의미가 담겨 있다.

합천 해인사 장경판전 조선 시대, 조선 중기: 13세기 몽골의 침입을 격퇴하기 위해 제작한 고려의 《팔만대장경》을 보존하고 있다. 건물 내부의 온도와 습도를 조절할 수 있는 구조이다. 이러한 과학성을 인정받아 1995년 유네스코 세계 문화유산에 등재되었다.

검 劍 86

경주 계림로 보검 삼국 시대, 신라, 5~6세기: 경주의 미추왕릉에서 발견된 36cm 길이의 금제 검이다. 철제 칼집과 칼은 썩어 없어졌으나, 금장식의 칼집이 발견되었다.

고려 보검 고려 시대: 은 표면에 화려한 도금 장식을 한 고려 시대의 보검(寶劍)이다.

곽재우 장검 조선 시대, 16세기 후반: 임진왜란 때 활약한 의병장 곽재우가 유품으로 남긴 검이다. 칼과 칼집이 모두 전하며, 손잡이의 외면은 가죽으로 덮었으며 칼등이 위로 조금 구부러져 있다.

금관총 환두대도 삼국 시대, 신라, 5세기: 경주의 금관총에서 출토된 신라의 금동 재질 환두대도이다. 1921년 일제 강점기에 처음 발견되었으며, 제작 연대는 5세기로 추정한다. 발견된 검에 '이사지왕(尒斯智王)'이라는 명문이 새겨져 있어 무덤의 주인이 이사지왕임을 알 수 있다. 처음에는 명문이 확인되지 않았으나, 지난 2013년 명문이 확인되면서 신라 역사 연구의 중요한 자료로 활용되고 있다.

나주 신촌리 환두대도 삼국 시대, 백제, 5~6세기: 인삼의 일종인 삼(蔘) 잎을 새겨 넣은 삼엽문 환두대도 중 가장 대표적이다. 전라남도 나주 신촌리에서 발견되었으며, 철제의 타원형 칼자루에 삼엽문이 장식되어 있다.

돌 화살촉 청동기 시대: 청동기 시대 유적인 충청남도 부여 송국리에서 출토된 돌 화살촉이다. 매우 날카롭게 만든 화살촉을 통해 발달된 돌 세공 기술을 엿볼 수 있다.

마제 석검 청동기 시대: 신석기 시대에서 청동기 시대 사이에 만든 석제 검으로, 매끄러운 겉면이 두드러진다.

무령왕릉 환두대도 삼국 시대, 백제, 6세기: 1971년 무령왕릉 발굴 당시 출토된 검으로, 자루 끝의 용머리를 가운데 두고 두 마리의 용이 추가로 장식되어 있다. 도금 흔적이 벗겨지지 않고 강하게 남아 있어 백제의 발전된 금속 세공 기술을 확인할 수 있다. 초기에는 중국 양나라가 일본에 하사한 것으로 보았으나, 조사 결과 백제의 다른 검에서도 비슷한 양식이 확인됨에 따라 백제만의 우수한 검 제작 기술임이 증명되었다. '환두대도'란 고대 동양의 무기로, 칼자루 부분에 둥근 모양의 고리 장식이 있는 검을 통칭한다.

비파형 동검 청동기 시대: 중국 동북 지역과 한반도에서 출토되는 검으로, 청동기 시대의 유물이다. 고조선의 영역을 나타내기도 한다.

삼인검 조선 시대: 예로부터 호랑이를 뜻하는 '인(寅)'이 악한 기운을 쉽게 물리칠 수 있다고 믿었다. 그래서 호랑이해의 인월(寅月) 인일(寅日)에만 특별히 제조한 검이다.

세형동검 초기 철기 시대: 한반도에서만 출토되는 초기 철기 시대의 검으로, 비파형 동검의 발전된 형태이자 '한국식 동검'이라고도 불린다.

세형동검 자루 초기 철기 시대: 세형동검의 자루로, 칼자루 끝이 넓게 벌어진 T자 모양이다.

용봉장식 환두대도 삼국 시대, 가야, 5세기: 용과 봉황이 무늬로 새겨진 환두대도이다. 우리나라는 물론 당시 중국과 일본에서도 널리 제작되었다. 그중 백제의 용봉장식 환두대도는 최상급 기술로 제작되었다.

이순신 장검 조선 시대, 16세기 후반: 길이가 무려 197.5cm로, 어른 키보다 훨씬 커 다루기 어려웠다. 검의 주인인 이순신 장군은 1594년부터 이 검을 사용했다고 전해진다. 칼자루의 길이만 60cm이며, 옆면에 모란꽃을 상감하고 위쪽에 은으로 빗금무늬를 새겼다.

임경업 추련도 조선 시대, 17세기: 조선 시대의 장군 임경업이 평상시 몸을 보호하는 용도로 지니고 다녔던 보검이라고 전해진다.

장말손 패도 조선 시대, 조선, 세조 12년(1466년): 조선 세조 대의 장군 장말손이 남긴 유품으로, 오랑캐를 물리친 공으로 왕이 하사한 단검(短劍)이다.

전어도 고려~조선 시대, 14~15세기: 147cm의 길이를 자랑하며, 손잡이를 상어 가죽으로 덮었고 머리에는 왕을 상징하는 용머리를 조각했다. 조선의 왕을 위한 검으로 추정한다.

조선 협도 조선 시대: 조선 시대에 유행했던 검으로, 칼등이 약간 굽어 있어 상대방을 찔렀을 때 치명상을 입힐 수 있다.

철제 금은입사 사인참사검 조선 시대: 연(年), 월(月), 일(日), 시(時)가 모두 인(寅)일 때 만드는 칼이다. 칼날 한쪽에는 북두칠성과 천문도가, 다른 한쪽에는 사인참사검이라는 글자가 새겨져 있다.

청동 꺾창 청동기 시대~초기 철기 시대: 길이는 27cm이며, 청동 재질 창의 날카로운 부분이다.

청동 투겁창 청동기 시대~초기 철기 시대: 청동으로 주조한 창의 날카로운 부분이다. 청동기 시대에서 초기 철기 시대 사이의 유물이다.

칠지도 삼국 시대, 백제, 4~5세기: 일본 나라현에 소장된 백제 시대 철제 가지 모양의 칼이다. 칼의 양쪽 날 부분에 나뭇가지처럼 가지가 3개씩 뻗어 있다. 칼에 적힌 명문을 통해 백제의 왕이 일본에 하사한 선물임이 밝혀졌다.

금관 金冠 90

가암동 고분 출토 금동관 삼국 시대, 가야: 성산가야가 위치했던 경상북도 성주에서 발견되었다. 동제 위에 도금칠을 했으며, 꽃과 풀 모양의 장식 3개와 띠 부분에 18개의 원형 장식이 함께 조각되어 있다.

경주 황남동 금제 드리개 삼국 시대, 신라, 5~6세기: 경주 미추왕릉에서 발견되었으며, 기다란 꽃잎 장식의 금테 줄과 끝부분에 옥의 색깔이 잘 보존 중이다. 신라 무덤에서 출토된 금 드리개 중 가장 화려하며, 형태가 잘 보존되어 있다.

금관총 금관 삼국 시대, 신라, 5세기: 경주 금관총에서 발견되었다. 높이는 44.4cm, 지름은 19cm이며, '출(出)' 자 모양의 형태를 띤다. 수많은 옥이 '출' 자 장식에 일정하게 배열되어 있다. 관모(冠帽)를 안에 쓴 후에, 더욱 화려하게 치장하기 위해 그 바깥에 쓰는 관으로 여겨진다. 금관에서 내려오는 두 줄의 줄기는 나뭇잎 장식으로 꾸몄고 끝에 커다란 옥을 달았다. 신라 금관 중 본래의 색이 잘 보존되고 형태가 가장 아름다운 것이다.

금령총 금관 장식 삼국 시대, 신라, 6~7세기: 금령총에서 발견된 금관 중 가장 작은 것이 금령총 금관에 달려 있는 귀고리 형태의 금관 장식이다. 다른 금관들과 비교해 간소한 편이지만 섬세하고 호화롭다.

금관총 금귀걸이 삼국 시대, 신라, 5세기: 경주 금관총에서 출토된 금귀걸이 500여 점 중 하나이다. 신라의 다양한 금귀걸이 중 독특하게 어금니 형태의 끝 장식이 두드러지며, 신라의 황금 세공 기술이 돋보이는 보물이다.

금관총 금제 관식 삼국 시대, 신라, 5세기: 금관총 금관과 함께 발견되었다. 관 위에 꽂아 사용한 새 날개 모양의 장식으로, 사람이 죽으면 무덤이 새 모양을 하고서 그 영혼을 나른다는 동양의 샤머니즘 사상과 연관이 있다.

금관총 금제 허리띠 삼국 시대, 신라, 5세기: 경주 금관총에서 금관과 함께 발견되었다. 발견 당시, 피장자(무덤에 매장되어 있는 사람)의 허리 부근에서 도금된 가죽끈과 함께 화려한 금제 장식들을 늘어뜨린 형태였다. 둘레는 109cm에 39개의 순금제 판이 허리띠를 구성하며, 17종의 서로 다른 금제 장식이 화려하고 아름답게 장식 부분을 완성한다. 장식물 하나하나의 길이는 서로 다르며, 옥색, 적색, 청색 등 다양한 보석이 사용되어 저마다의 아름다움이 빛난다. 신라에서는 다양한 장식품, 작은 칼, 부싯돌, 족집게 등의 일상 도구들을 허리띠에 함께 매달았는데, 금관총 금제 허리띠 역시 피장자가 죽은 후 다양한 용도의 도구를 허리띠에 매단 다음 묻은 것으로 보인다.

나주 신촌리 금동관 삼국 시대: 전라남도 나주에서 출토된 백제의 금관이다. 전라북도 익산, 그리고 일본에서도 비슷한 양식의 관이 출토되어 백제와 일본의 문화 교류를 파악하는 중요한 자료가 된다.

무령왕비 금제 관식 삼국 시대, 백제, 6세기 전반: 공주 무령왕릉에서 출토되었다. 왕비의 관 머리 부근에서 발견되었으며, 좌우 대칭을 이루는 문양이 정돈된 느낌을 준다. 무령왕 금제 관식과 유사하게 불꽃무늬가 솟아 있으며, 간결하면서도 세련된 백제 기술의 아름다움을 보여 준다.

신라 은제 관모 삼국 시대, 신라, 4세기 후반~5세기 초반: 황남 대총 발굴 때 출토되었다. 한쪽 꼭지가 떨어져 나간 삼각형 모양과 같은 신라 내관의 전형적인 형태를 띠고 있다.

보문동합장분 출토 금제 귀걸이 삼국 시대, 신라, 6세기 중반: 1915년 일제에 의해 발굴되었으며, 우리나라에서 발견된 신라의 귀걸이 중 단연 가장 아름답다. 0.5mm도 되지 않는 얇은 금 알갱이들과 꽃문양을 매우 세밀하게 조각했다.

입점리 고분 출토 금동관 삼국 시대, 백제, 5세기 후반~6세기 초반: 1986년, 전라북도 익산시에서 고등학생이 발견했다. 5세기 무렵 만들어진 것으로 보이며, 일본의 관모와 유사한 양식이다.

전 고령 금관 삼국 시대, 가야, 6세기: 경상북도 고령군에서 출토된 높이 11.5cm, 지름 20.7cm의 금관이다. 출토 위치상 가야의 금관으로 추정하며, 특이하게 백제 일대에서 출토되는 백제 금관과 비슷한 양식이다. 띠에는 여러 개의 점이 찍혀 있고, 그 위로 원형 금판을 여러 개 달아 장식했다. 옥이 몇 개 달려 있는데, 이는 출토된 뒤 복원 과정에서 단 것이라 본래에는 장식이 어디에 달려 있었는지 파악하기 어렵다.

전 창녕 금관 삼국 시대, 가야, 6세기: 경상남도 창녕에 있었던 가야 소국의 금관으로 추정한다. 일제 강점기에 일본인 오쿠라 다케노스케가 우리나라에서 도굴한 유물로, 현재는 일본 도쿄박물관에 소장되어 있다.

지산동 30호분 출토 금동관 삼국 시대, 가야, 5세기 후반: 경상북도 고령군의 가야 유적 지산동 고분군 남쪽에서 어린아이의 뼈와 함께 발견되었다. 어린아이를 순장할 때 금동관을 쓰고 있었던 것으로 보인다.

지산동 32호분 출토 금동관 삼국 시대, 가야, 5세기: 경상북도 고령군의 가야 유적인 지산동 32호분에서 출토되었다. 동 재질의 판에 금을 덧붙여 주조했으며, 몇 안 되는 가야 금관이라는 점에서 유물로서의 희소가치가 높다.

천마총 관모 삼국 시대, 신라, 5~6세기: 경주 천마총에서 출토된 관으로, 바깥쪽 관을 받치는 내관(內冠)이다. 높이는 16cm, 너비는 19cm이고, 위쪽은 반원형이며 밑으로 갈수록 점차 넓어지는 구조이다. 아래쪽은 활처럼 휘어 있다. 몸통 사이사이에 구멍을 뚫었고, 밑쪽에는 구름무늬를 장식했다.

천마총 금관 삼국 시대, 신라, 5~6세기: 경주 천마총에서 발견된 신라의 금관이다. 1973년 발굴 조사 중 금관과 더불어 다양한 금제 목걸이, 장식이 출토되었다. 이 금관은 높이 32.5cm에 사슴뿔 모양으로 촘촘하게 장식한 전형적인 신라 금관 양식이다.

황남 대총 귀걸이 삼국 시대, 신라, 4세기 후반~5세기 초반: 경주 황남 대총을 발굴할 때 출토된 신라의 순금 귀걸이이다. 제작 연대는 4세기 후반쯤으로 추정한다. 황남 대총에서 출토된 7만여 점의 금제 장신구 중 가장 아름다운 형태의 유물이다.

황남동 금 장신구 삼국 시대, 신라, 5~6세기: 경주 황남동 고분군에서 출토된 장신구로, 귀걸이, 신발, 관, 관장식인 드리개 등이 한 번에 출토되었다.

장신구 裝身具 94

구슬 장식 떨잠 조선 시대: 흑갈색 배경에 칠보를 본뜬 일곱 빛깔의 보석 장식을 박아 그 대비가 인상적인 떨잠이다.

꽃무늬 단추: 천으로 제작한 꽃무늬 단추로, 상류층의 화려한 비단옷 장식으로 사용되어 단아함과 우아함을 더했다.

꽃무늬 떨잠 조선 시대: 꽃 중에서도 기와 수막새에 자주 사용된 보상화(불교 그림이나 불교 조각에서 덩굴무늬의 주제로 사용된 가상의 꽃) 무늬가 새겨진 떨잠이다. 가운데의 다홍색 구슬이 두드러진다.

남성리 출토 목걸이 초기 철기 시대: 충청남도 아산에서 출토된 목걸이이다. 《삼국지》 위서 동이전에 "마한(馬韓) 사람들은 구슬, 즉 옥을 신성하게 여겼으며 금과 견줄 정도로 귀한 대접을 받았다."라고 전한다. 아산 남성리 고분군은 청동기 시대의 유물로, 신석기 시대에 처음으로 출현한 옥 문화가 청동기 시대에 이르러 어느 정도 정착되었음을 보여 준다. 뿐만 아니라 여러 가지 색깔을 이용해 옥의 아름다움을 더한다.

덕혜 옹주 떨잠 구한말, 20세기 초반: 덕혜 옹주의 어머니가 딸에게 준 떨잠으로, 덕혜 옹주는 고향이 그리울 때마다 이 떨잠을 꺼내 보았다고 한다. 떨잠은 높은 계급의 여인이 큰머리나 어여머리의 앞 중심과 양옆에 한 개씩 꽂았던 장신구로, 여러 가지 보석과 진주 등으로 장식해 화려하다.

도금 용 첩지, 도금 봉황 첩지 조선 시대: 첩지란 왕비를 비롯한 왕실의 여인들이 주로 쪽머리를 꾸미던 장신구이다. 머리에 꽂는 부분 반대쪽 끝에 봉황, 용, 개구리 등의 화려한 형상을 만든 것이 특징이다.

동물무늬 장도 조선 시대: 몸에 지니는 자그마한 칼로, 칼집과 같은 형태의 자루에 금박 동물무늬가 있다.

뒤꽂이 조선 시대: 쪽 찐 머리 뒤에 덧꽂는 비녀 이외의 장식품으로, 머리를 화려하게 꾸미는 장식용 뒤꽂이를 비롯해 귀이개 용도로 사용할 수 있는 실용적인 뒤꽂이도 존재한다. 꽂는 위치와 관계없이 화려한 장식이며, 주된 소재는 칠보였다.

무령왕릉 구슬 장식 삼국 시대, 백제, 6세기 전반: 무령왕릉에서 출토된 구슬 목걸이로, 유리구슬에 노란색, 초록색, 주황색, 파란색 등 다양한 색을 입혔다. 이러한 양식의 목걸이는 무령왕릉을 비롯해 서울 풍납 토성, 익산 미륵사지, 부여 능산리 유적 등 백제의 영역 전체에서 폭넓게 발견된다. 인도, 중앙아시아 일대에서 그 연대가 거의 처음 확인되며, 이것이 여러 시대를 거치며 한반도에도 전해졌을 것으로 본다. 최근 구슬에 색을 입힌 안료가 태국에서 전래된 것으로 밝혀짐에 따라 동양 일대에 유행한 구슬 문화의 일부분이라고 말할 수 있다.

무령왕릉 뒤꽂이 장식 삼국 시대, 백제, 6세기 전반: 백제 무령왕릉에서 발견되었다. 1.9mm 두께의 얇은 판에 새가 나는 모습을 형상화하고, 0.3mm 두께로 세 갈래의 다리가 뻗어 있다.

무령왕릉 은팔찌 삼국 시대, 백제, 6세기 전반: 무령왕릉 왕비의 관에서 출토된 은팔찌이다. 만든 이의 이름과 무게 등이 기록되어 있어 매우 가치가 높다.

물방울 단추: 도토리 모양의 흑색 단추와 청동 재질의 청색 단추이다. 물방울 형태로 옷에 달아 단아함을 나타냈다.

박쥐 문양 단추 고려 시대: 고려 시대 유물로 추정되는 박쥐 단추이며, 청동으로 만들었다. 박쥐무늬는 우리나라에서 흔히 찾아볼 수 없는 특이한 것이다.

봉황 머리꽂이 조선 시대: 상류층 여인이 사용한 비녀로, 머리나 관 등을 고정하는 역할을 했다. '봉잠'이라고도 불린다.

선추 조선 시대: 선추는 부채고리나 부채 자루에 매어 다는 장식품으로, 안에 향을 넣어 좋은 냄새가 나게 하거나 이쑤시개나 귀이개를 담는 초혜집을 넣어 다니기도 했다.

송정동 출토 목걸이 철기 시대: 강원도 동해 철기 시대의 유적지에서 발견되었으며, 은제 귀고리, 유리구슬 등과 함께 출토되었다. 원형이 아닌 가느다란 직사각형, 즉 대롱 모양의 구슬을 이어 붙인 이러한 목걸이는 신석기 시대부터 사용된 것으로 보이는데, 송정동 목걸이는 철기 시대 마을 터에서 발견되어 제사의 목적이 있었을 것으로 본다.

음각도 장도 조선 시대: 상류층이 사용한 은으로 만든 작은 검이다. 호신용으로도 사용했지만, 대체로 귀한 장신구였다.

은장도 조선 시대: 평상복에 차는 작은 칼로, 주로 노리개를 함께 달아 장신구로서의 의미가 더 강하다. 은장도를 몸에 지니고 있다가 유사시에 상대를 공격하거나 자결했다는 기록이 전해진다.

은제 칠보 귀걸이 금과 더불어 은은 청백색의 아름다운 광택을 띠며, 자연에서 어렵게 채굴하는 것으로 매우 귀중하다. 동양의 여러 나라에서 상류층이 일종의 부적으로서 은을 매우 소중히 여겼다.

충무공 옥로 조선 시대, 16세기 후반: 옥으로 만든 해오라기 모양의 갓 장식으로, 하얀 옥이 연꽃잎에 덮여 있는 형태이다. 이순신 장군이 군복을 입을 때 갓 위에 달았다.

칠보반지, 은제 반지, 백제 금제 반지 삼국 시대: 여러 호화스러운 장식이 세밀하게 새겨져 있는 장신구 반지이다. 삼국의 반지 양식은 모두 다르게 나타난다.

칠보 세공 귀걸이 일곱 가지 귀한 보물의 색깔이 난다고 하는 칠보(七寶)를 세공한 귀걸이이다. 굽는 온도를 조절해 금, 은, 유리, 점토 등으로 다양한 색깔을 만들어 냈다. 금속 바탕에 유약을 발라 구운 뒤 다시 투명한 유약을 발라 구워 내면 반짝이는 색깔을 띠어서 여성의 장신구에 많이 사용했다.

해시계 선추 조선 시대, 18~19세기: 조선 후기의 선비들이 가지고 다니는 부채 끝에 지남침을 달아 나침반으로 사용했으며, 나침반의 중심에 기둥을 세워 대략적인 시간을 알 수 있게 했다. 조선 시대에 발달한 과학 기술로써 휴대하는 중에도 시간을 볼 수 있었다.

향갑 조선 시대: 향갑이란 향을 담는 자그마한 상자로, 방이나 장롱 속에 두거나 몸에 지니기도 했다. 장식용으로 노리개를 붙여 아름다움을 추구했다. 향갑에 흘러내리는 노리개는 칠보를 본떠 여러 빛깔이 두드러진다.

전돌, 기와

갑산사지 전불 남북국 시대, 통일 신라, 8세기: 경주 갑산사 절터에서 출토되었다. 벽돌에 부처 셋의 모양을 새겼으며, 실체가 확인되지 않은 전탑(塼塔)의 재료였을 것으로 추정한다. 8.3cm의 길이로, 흙으로 빚어 납작하게 구워 냈다.

경복궁 아미산 굴뚝 조선 시대, 19세기 후반: 경복궁 내 왕비의 생활 공간인 교태전 온돌방 밑을 통과해 연기를 내보내는 굴뚝 건물이다. 임진왜란 때 불 탔던 경복궁 전체를 고종 때 중건하면서 새로 지었다. 총 4개의 굴뚝이 있으며, 육각형으로 된 벽에는 학, 박쥐, 봉황을 비롯해 장수(長壽)를 뜻하는 소나무, 불로초, 바위 등의 십장생, 유교에서 선비들의 고결함을 상징했던 사군자 중 매화와 국화 등의 문양이 조화롭게 균형을 이루고 있다. 주변의 풀과 꽃들과 어우러져 우리나라에서 가장 아름다운 궁전 건축물 중 하나로 손꼽힌다.

경복궁 잡상 조선 시대, 14세기 후반: 잡상(雜像)이란 기와 장식 중 하나로, 기와로 만든 지붕 끝부분에 놓인다. 우리나라의 경우 한양 도성의 대문이나 궁궐에서 주로 관찰된다. 경복궁 잡상에는 《서유기》의 등장인물인 손오공과 삼장 법사 일행을 묘사하기도 했다. 잡상에는 좋지 않은 기운과 귀신이 궁으로 들어오지 못하도록 막는 의미가 담겨 있다.

고구려 귀면 기와 삼국 시대, 고구려: 괴수를 큼직막하게 조각한 고구려의 기와로, 튀어나온 커다란 눈과 과장된 이 모양이 자칫 공포감을 주기도 한다.

고구려 수막새 삼국 시대, 고구려, 5~6세기: 고구려 사람들은 연꽃, 구름, 짐승의 얼굴 등을 무늬로 조각해 지붕 위에 올렸다. 《구당서(舊唐書)》에 따르면, 관청과 왕궁 등에만 기와를 사용했다고 하니 매우 수준 높은 장인이 만든 귀중한 기와였을 것으로 추정한다. 얼마 남아 있지 않은 삼국 시대의 기와 수막새 중 가치가 높다.

고려 용무늬 기와 고려 시대: 화려한 배경 장식이 없는 고려 시대의 용무늬 기와이다.

귀면 기와 삼국 시대: 괴수나 도깨비의 얼굴을 나타낸 기와 양식이다. 통일 신라 말, 또는 고려 초기까지 넓게 사용되었다. 경주 동궁과 월지 등 신라의 영역에서도 비슷한 양식의 기와가 다량 출토되었다.

귀면문 암막새 삼국 시대: 귀면문이란 도깨비와 같은 설화 속 괴수의 얼굴이나 몸을 나타낸 기와이다. 삼국 시대를 거쳐 고려 시대, 조선 시대까지 폭넓게 사용되었다.

낙랑 기하학무늬 전돌 삼국 시대, 백제, 6세기 전반: 무령왕릉의 벽면에 사용된 벽돌로, 한반도 일대에서 최초로 벽돌을 사용한 낙랑의 양식이 그대로 드러난다. 이 벽돌로 무령왕릉과 같은 벽돌무덤을 쌓아 만들었으며, 밖으로 보이는 쪽에는 기하학무늬가 조각되어 있다.

누각 무늬 벽돌 남북국 시대, 통일 신라: 모래가 많이 섞인 흙으로 만들었으며, 한쪽 면에 누각이 그려져 있다.

덕수궁 전돌 무늬 조선 시대: 벽돌 한가운데 선을 그어 십(十) 자 무늬로 벽돌을 배치하기도 했으며, 건강과 평안을 뜻하는 '강녕(康寧)'이라는 글자를 벽돌로 새기기도 했다. 벽돌을 활용해 독특한 무늬와 글자를 만드는 조선 시대의 독특한 벽돌 장식이다.

두꺼비문 반원 막새 삼국 시대, 고구려: 적갈색 흙으로 빚은 기와이다. 두꺼비가 앞을 바라보며 싱긋 웃고 있는 모습이 익살스럽다.

막새기와 조선 시대: 삼국 시대의 기와와는 달리, 조선 시대에는 성리학과 유교의 성격에 영향을 받아 화려한 장식보다는 소박한 겉면과 글귀가 돋보인다.

무령왕릉 전돌 삼국 시대, 백제, 6세기 전반: 무령왕릉에서 발굴 당시 확인된 벽돌로, "중국 건업(建業) 사람이 만들었다."라는 명문이 새겨져 있다. 건업은 5세기부터 6세기 중국 남조의 도성으로, 백제가 중국 남조와 활발히 교류했으며 무령왕릉의 양식 또한 중국 남조의 영향을 받았다는 것을 입증한다. 연꽃무늬의 벽돌이 대부분이며, 무늬가 아예 없는 벽돌은 물론 동전 무늬의 벽돌도 관찰된다.

백제 전돌 삼국 시대, 백제: 백제의 벽돌에는 산경 무늬 전돌 외에도 봉황과 연꽃, 용, 도깨비 등 다양한 장식이 존재했다.

부여 왕흥사지 치미 삼국 시대, 백제, 위덕왕 24년(577년): 577년 창건된 왕흥사 절터에서 출토된 기와 치미이다. 치미란 기와지붕 끝에 거대하게 올린 기와로, 건물의 위엄을 높이며 귀신을 쫓는 역할을 했다. 두 부분으로 나누어 구운 다음 합친 것으로 보인다. 꼬리 부분이 날카롭게 하늘로 향해 있으며, 연꽃무늬, 구름무늬, 여러 풀과 꽃무늬가 다채로우면서도 적절하게 조화를 이룬다.

부여 외리 산수 무늬 전돌 삼국 시대, 백제, 5~6세기: 충청남도 부여의 옛 절터에서 출토된 벽돌이다. 어떤 성격의 절터인지 밝혀진 것은 없다. 가로세로 30cm가량의 벽돌에 구름과 봉황, 산과 강 등 풍경이 좌우 대칭으로 새겨져 있다. 백제의 미술과 건축의 우수함이 동시에 드러나는 걸작이며, 비슷한 형태의 벽돌이 총 42개 정도 출토되었다.

석장사지 탑상 무늬 전돌 삼국 시대, 신라, 7세기: 경주 석장사지에서 발견되었으며, 탑과 불상이 함께 새겨져 있어 '탑상 무늬'라고 부른다.

신라 사슴 무늬 전돌 남북국 시대, 통일 신라: 경주 동궁과 월지에서 출토되었다. 윗면과 아랫면에는 화려한 꽃이, 옆면에는 당시 유행한 사슴 무늬에 넝쿨을 함께 표현했다.

신라 얼굴 무늬 수막새 삼국 시대, 신라: '신라의 미소'라고 불리는 신라 시대의 와당이다. 1934년 일본으로 반출되었으나 1972년 우리나라로 반환되었다. 흙으로 빚어 이목구비를 조각했으며, 잔잔한 미소와 탐스러운 두 볼이 조화를 이루는 신라 미술의 걸작이다.

신라 용무늬 전돌 남북국 시대, 통일 신라: 경주 최대 규모의 절터인 황룡사에서 발견되었으며, 용이 역동적으로 날아오르는 모습을 표현했다.

안압지 사자문 기와 남북국 시대, 통일 신라: 경주 안압지, 즉 동궁과 월지에서 출토되었다. 마찬가지로 재앙을 막고자 맹수 사자의 형상을 조각했다.

안학궁지 기와 남북국 시대, 통일 신라: 평양 안학궁터에서 출토되었다. 고구려 시대에 축조되었다는 설, 통일 신라 시대 말에서 고려 시대 초기에 축조되었다는 설 등 다양한 설이 존재한다. 기와에는 흡사 나뭇잎을 형상화한 것 같은 빗살무늬가 새겨져 있다.

자경전 도깨비 무늬 전돌 조선 시대, 19세기 후반: 조선 고종 때 경복궁을 다시 지으며 고종의 양어머니인 조 대비를 위해 세운 건물 외벽을 이루고 있다. 도깨비인 듯, 용의 머리인 듯 보이는 이 벽돌로 좋지 않은 기운이 건물 안으로 들어오는 것을 막고자 했다.

조선 수막새 조선 시대: 화려하지 않고 단순한 정도의 기하학적 무늬와 연꽃무늬를 조각했다. 일본인 이우치 이사오가 국립중앙박물관에 기증했다.

건축 建築 102

경복궁 근정전 조선 시대, 14세기 후반: 조선 시대 주요 궁궐인 경복궁의 중심 건물로, 신하들이 임금에게 문안 인사를 올리고 외국 사신을 맞이해 행사를 치르던 곳이다. 근정(勤政)은 '부지런하면 모든 일을 잘 다스릴 수 있다'라는 뜻이다.

경회루 조선 시대, 14세기 후반: 경복궁 안 연못에 세워진 누각이다. 나라에 큰 경사가 있거나 외국 사신이 방문했을 때 연회를 베풀던 장소이다. 임진왜란 때 불에 탔으나 흥선 대원군이 재건했다. 우리나라에서 규모가 가장 큰 누각이며, 간결한 팔작지붕과 대비되는 호화로운 다포 양식의 지붕 장식이 특징이다.

낙선재 조선 시대, 조선, 헌종 13년(1847년): 창덕궁과 창경궁의 경계에 자리하고 있다. 1847년 조선 헌종이 대왕대비와 왕비를 위한 공간을 마련하고자 처음 건설했다. 이후 고종이 자신의 집무소로 활용하기도 했으며, 해방 이후에는 고종의 아들 영친왕이 이곳에서 지내기도 했다.

덕수궁 중명전 구한말, 1899년: 1897년에 덕수궁의 도서관으로 지어졌다. 1904년 덕수궁에 큰 화재가 나면서 고종이 임시로 거처하기 시작했는데, 1905년 을사늑약이 강제로 체결된 장소로 쓰이기도 했다.

독락당 조선 시대, 조선, 중종 11년(1516년): 이언적을 모시는 경주 옥산 서원의 사랑채이다. 이언적이 벼슬을 그만두고 고향에 돌아온 뒤 거처한 건물인데, 건물 내에는 창을 달아 앞에 흐르는 시냇물을 바라볼 수 있게 했으며, 정자 등을 함께 건축해 자연과 어우러지도록 했다.

무첨당 조선 시대, 16세기: 유네스코 세계 문화유산으로 지정된 경주 양동마을 내 조선의 성리학자 이언적의 생가 건물이다. 손님을 접대하고, 평상시에는 문을 개방해 공기를 통하게 해 여가 시간을 갖는 등 조선 시대 상류층 별당의 모습을 잘 나타내는 건축물이다.

방화수류정 조선 시대, 조선, 정조 18년(1794년): 조선 정조에 의해 세워진 수원 화성의 동북쪽 정자이다. 주변을 감시하고 적의 침입을 막는 누각으로서의 의미도 있지만, 앞을 흐르는 개천 등 자연환경과 아름다운 조화를 이루기도 한다. 조선 시대 다른 정자에서 보이지 않는 독특하게 겹친 지붕 등이 이색적이다.

수원 화성 서북공심돈 조선 시대, 조선, 정조 20년(1796년): 수원 화성의 화서문 옆에 자리하고 있으며, 성벽에서 툭 튀어나와 성을 지키는 보루 역할을 했다. 총 3개 층으로 구성되어 있는데, 1층과 2층에는 숨어서 총을 쏠 수 있도록 만든 구멍이 있고, 3층에는 외부로 포를 쏠 수 있도록 했으며, 마찬가지로 총과 화살 구멍이 여러 개 존재한다. 각 면의 석재는 두툼한 느낌을 주나 모서리가 곡선으로 구부러지는 등, 조선 후기의 뛰어난 건축 기법이 동원되었다.

숭례문 조선 시대, 14세기 후반: 조선 시대 한양 도성의 남문(南門)이며, 국보 1호이다. 조선 시대부터 여러 번 해체와 수리를 겪었는데, 2008년 방화 사건으로 다시 한번 고쳐 지었다. 무지개 모양의 홍예문과 곡선이 심하지 않은 다포 양식으로 기둥 부분을 장식한 조선 전기 건축물의 특징이 두드러지는 걸작이다.

임영관 삼문 고려 시대, 고려, 태조 19년(936년): 고려 시대에 지은 강원도 강릉 객사의 정문이다. 객사란 고을마다 두었던 지방 관아로, 제사를 지내거나 관리들이 머무는 곳이었다. 현판은 공민왕이 직접 작성했다고 전해지며, 주심포 양식 지붕 장식에 배흘림 형태 기둥이 특징이다.

종묘 정전 조선 시대, 17세기 초반: 조선 왕들의 신위(神位)를 모신 곳이다. 본래는 태조 이성계와 위로 4대손까지의 신위를 모셨으나, 이후에는 조선의 왕들 중 공덕이 뛰어난 왕과 왕비의 신위를 모시며 제사를 지냈다. 왕이 승하한 뒤 장례를 치르면서 그 영혼을 모시는 신위를 종묘에 봉안했으며, 조선의 가장 중요한 제례 의식을 이곳에서 진행했다. 건물의 기둥은 둥근 배흘림기둥에 가로 19칸의 기다란 구조로, 우리나라 단일 건축물 중 가장 긴 건물이다.

창경궁 옥천교 조선 시대, 15세기: 창경궁 정문에 들어서면 나오는 다리이다. 무지개 모양의 아치, 즉 홍예 2개를 이어 붙인 하단부 구조와 함께 난간 장식을 아름답게 조각했다. 다리의 너비는 왕과 의장대가 모두 행차할 수 있도록 넓게 설계되었으며, 안정감과 세련된 느낌을 모두 받을 수 있어 궁궐의 다리 중 유일하게 보물로 지정되었다.

창덕궁 후원 조선 시대, 조선, 태종 5년(1405년): 창덕궁에 위치한 우리나라 최대 규모의 궁중 정원이다. 임금이 궁궐에 머무는 중 산책을 즐길 수 있도록 지었다. 창덕궁은 임진왜란 때 불타 없어졌지만, 전쟁이 끝나고 10년 만에 광해군이 다시 짓도록 하면서 후원 역시 이 시기에 재건되었다. 영화당, 주합루, 서향각 등 여러 건물과 누각이 배치되었으며, 정조 대에 설치된 왕실의 도

127

서관인 규장각이 창덕궁 후원에 자리하고 있다. 1997년에 창덕궁과 더불어 유네스코 세계 문화유산으로 지정되었다.

흥인지문 조선 시대, 14세기 후반: 조선 시대 한양 도성의 동문(東門)이며, 보물 1호이다. '동대문(東大門)'이라고도 부르며, 조선 초에 지어진 것이 몇 차례 보수되면서 1869년에 마지막으로 새로 지었다. 성문을 보호하고 적의 침입에 대응하기 위해 문 바깥으로 옹성을 쌓은 것이 특징이다.

천문 天文　　　　106

간평일구 조선 시대, 19세기: 해시계 앙부일구를 돌에 새긴 형태이다. 세로선은 시간을, 가로선은 계절을 나타낸다. 선들을 돌에 섬세하게 조각했다는 점에서 가치가 높다.

신법 지평일구 조선 시대, 조선, 인조 14년(1636년): 조선 시대에 만들어진 해시계의 일종으로, 검은 대리석으로 제작되었다. 판 위의 종이에 막대를 세워 생기는 그림자로 시간을 알 수 있다.

수표 조선 시대, 조선, 세종 23년(1441년): 강이나 저수지에 비가 오면서 오르내리는 수위를 정확히 측정하고자 발명했다. 세종 대왕 대에 장영실이 처음 사용했다.

앙부일구 조선 시대, 조선, 세종 16년(1434년): 세종 대왕 대에 제작된 해시계로, 과학자 장영실이 처음 발명했다. 시간을 12개의 구간으로 나누어 표시했다. 해의 위치에 따라 막대가 나타내는 그림자가 절기와 시간을 표시했다.

양산 통도사 금동천문도 조선 시대, 조선, 효종 3년(1652년): 북극을 중심으로 적도 부근에 이르는 별자리가 표시되어 있다. 별 하나하나마다 아름다운 진주를 삽입해 조각했다. 어두운 상황에서도 진주가 빛나며 별자리의 위치를 정확히 파악할 수 있도록 했으며, 휴대하거나 항해할 때 활용되었다.

자격루 조선 시대, 조선, 세종 16년(1434년): 자격루는 세종 대왕 대의 저명한 과학자 장영실이 발명한, 자동으로 시간을 알려 주는 물시계이다. 조선 시대에 실제로 시간을 알리는 용도로 쓰였는데, 하루를 24시간이 아닌 12개의 구간으로 구분해 정확하게 소리를 냈다. 일정한 속도로 물통에 물이 차서 일정한 눈금에 막대가 닿을 때 쇠구슬을 굴려 시간을 알렸다. 조선 시대에 여러 차례 보수되었으며, 우수한 과학성이 두드러지는 문화재이다.

지구의 조선 시대, 조선, 인조 23년(1645년): 조선 인조 대에 아라비아에서 전해진 실제 구형의 지구를 본뜬 모형이다. 북극과 남극을 기준으로 하는 선이 표시되어 있다.

창경궁 관천대 조선 시대, 조선, 숙종 14년(1688년): 조선 시대에 만든 천체 관측대이다. 기록에 따르면 1688년 조선 숙종 대에 제작되었다. 간의를 상단부에 설치해 천체의 위치를 관측했다. 관상감이라는 관청에서 한양의 천문에 관련된 일을 모두 주관했는데, 관상감 자리에 관천대를 두었으며, 왕 또한 천문 현상을 직접 관찰할 수 있도록 창경궁 안에도 관천대를 설치한 것으로 보인다. 화강암으로 조각했고, 돌계단을 걸어 올라가 하늘을 올려다본 것으로 추정한다.

천상열차분야지도 조선 시대, 조선, 태조 4년(1395년): 조선을 건국한 태조 이성계 때부터 만들기 시작해, 석판과 목판 등에 다양하게 새겨 보급했다. 별자리 그림을 중심으로 사방신에 대한 간략한 설명, 계절마다 바뀌는 별자리에 대한 구체적인 설명, 천상열차분야지도 제작에 참여한 관리들의 이름이 포함되어 있다. 현재 1만 원권 지폐 뒷면에 그려져 있다.

첨성대 삼국 시대, 신라, 7세기 중반: 천체의 움직임을 관측하던 신라의 천문 관측대이다. 받침대 역할을 하는 기단부 위에 원통 모양의 관측대가 있으며, 위쪽은 정사각형 형태로 뚫려 있다. 원통은 총 27단의 돌로 쌓아 올렸으며, 내부에는 사다리를 두어 사람이 올라가 별자리를 관찰할 수 있게 했다. 삼국 시대에 우리 조상은 하늘의 움직임에 따라 농사의 시기를 결정하고 국가의 미래를 예언했다. 신라 선덕 여왕 시기에 건립된 것으로 추정하며, 동양에 남아 있는 천문대 가운데 가장 오래되었다. 하늘과 우주에 관심이 있던 우리 조상들의 우수한 과학성을 보여 준다.

측우대 조선 시대, 조선, 세종 24년(1442년): 강수량을 정확히 측정하는 측우기를 올려놓았다. 전국 곳곳에 설치해 백성들이 농사를 지을 때 참고할 수 있도록 했다.

풍기대 조선 시대, 조선, 영조 46년(1770년): 조선 시대에 바람의 세기나 방향을 측정하고자 사용했다. 바위를 다듬어 받침대를 두고, 팔각기둥을 세웠다. 기둥 가운데에 꽂은 깃발로 바람의 세기와 방향을 알 수 있었다.

혼개통헌의 조선 시대, 조선, 정조 11년(1787년): 동양의 세계관과 중국을 통해 전래된 서양의 시계를 혼합해 만든 천문 도구이다. 남회귀선, 적도, 북회귀선 등을 새겨 놓아 그 뛰어난 과학성을 인정받고 있다. 18세기 서양 학문의 유입을 이해하려 한 조선 지식인들의 우수함을 보여 준다. 소박한 단순미와 여백이 드러난다는 점에서 조선만의 미학이 반영되기도 했다.

혼천의 조선 시대, 조선, 세종 15년(1433년): 하늘이 땅을 둘러싸고 있다는 혼천설(渾天說)에 근거해 만든 별자리 관측기구이다. 목재로 틀을 제작한 뒤 단단한 구리로 겉을 덮었다. 지평환은 지평선의 선이고, 자오환은 지평선과 수직으로 만나는 선, 적도환은 지구의 적도와 일치하는 선으로, 3개의 고리가 교차하는 지점의 맞닿는 구멍을 통해 천체를 관측했다. 우리 조상들은 조선 시대 이전부터 천체의 좌표를 관측하고 별들의 이동을 파악하는 데 혼천의를 활용했다.

혼천의 및 혼천시계 조선 시대, 조선, 현종 10년(1669년): 혼천의 및 혼천시계는 1669년에 만들어진 천문 시계이다. 조선의 홍문관에 설치되어 시간 측정과 천문학 수업에 쓰인 시계이기도 하다. 조선 시대에 만든 천문 시계 중 유일하게 남아 있는 것이다. 물레바퀴의 원리로 제작된 시계 장치와 서양식 시계인 자명종의 원리를 조화시켰다. 2개의 추가 운동하며 하나는 톱니바퀴를 회전시키고, 다른 하나는 종을 울려 정확한 시간을 알린다. 이러한 과정이 반복되면서 흘러가는 시간을 때에 맞게 알리는 시계였다.

휴대용 앙부일구 조선 시대, 조선, 고종 8년(1871년): 세종 대에 처음으로 앙부일구를 제작한 뒤, 조선에서는 휴대용 앙부일구도 만들었다.